Glück gehabt! • Siegfried Busche

SIEGFRIED BUSCHE

# Glück gehabt!

*Lebenserinnerungen eines Hundertjährigen*

FRIELING

**Bibliografische Information der Deutschen Nationalbibliothek**
Die Deutsche Nationalbibliothek verzeichnet diese Publikation in der Deutschen Nationalbibliografie; detaillierte bibliografische Daten sind im Internet über http://dnb.d-nb.de abrufbar.

Rheinstraße 46, 12161 Berlin
Telefon: 0 30 / 76 69 99-0
www.frieling.de
ISBN (Print): 978-3-8280-3733-5
ISBN (E-Book): 978-3-8280-3734-2
1. Auflage 2022
Bildquelle: No 5 Army Film & Photographic Unit. Hewitt (Sgt)

# INHALT

# PROLOG

Als ich den übermächtigen grausamen Krieg endlich überlebt hatte, war ich bemüht, diese Zeit auch gedanklich so schnell wie möglich vergessen zu lassen. Das Tausendjährige Reich schien mir 1000 Jahre lang gewesen zu sein. In nächtlichen Träumen verarbeitete mein Gehirn das Geschehen. Mir erging es wie vielen anderen, wir waren nicht gewillt und in der Lage, über unsere Erlebnisse zu sprechen, und dabei blieb es. In den weiteren Jahren war ich mit dem Aufbau eines normalen Lebens in Freiheit beschäftigt und hatte für vergangene Zeiten keine Gedanken parat. In letzter Zeit jedoch fragte der eine oder andere mich nach Geschichten aus jener Zeit und regte an, doch einmal etwas darüber zu schreiben. Nach vielem Zureden meiner Freunde entschloss ich mich, den Schreibstift in die Hand zu nehmen und über mein Leben zu berichten, zumal ich coronabedingt viel Zeit zu Hause verbrachte. Ich hatte weder ein Tagebuch noch irgendwelche Aufzeichnungen zur Verfügung, sondern konnte nur versuchen, in meinem Gedächtnis herum zu kramen. Erstaunlicherweise war es noch einigermaßen intakt, es produzierte sogar noch eine unglaubliche Menge, die ich nicht alle zu Papier bringen konnte. Ich beschränkte mich daher auf einzelne Ereignisse.

Dabei werden sofort Assoziationen an meine Schulzeit geweckt. Es war, glaube ich, in der Untersekunda, da mussten wir einen Klassenaufsatz über irgendeine Person schreiben. Ich wählte hierfür meine Erinnerungen an einen Jungen, den ich während der Ferien kennengelernt hatte, wusste aber mit dem Stoff überhaupt nichts anzufangen. Nach drei Zeilen war bei mir Pause. Die Zeit verrann, Schweiß trat mir auf die Stirn; es blieb bei den drei Zeilen, als die Klingel das Ende der Stunde verkündete. Bei der Rückgabe der Aufsätze reichte mir dann unser damaliger Deutschlehrer, Studienrat Kirschstein, genannt „Ki“, mit spitzen Fingern das verpatzte Produkt kommentarlos zurück. Natürlich schmückte eine dicke Sechs das Werk.

Heute, bereits gereift, nunmehr 98 Jahre alt, schon ein wenig weise, stehe ich vor einer ähnlich schwierigen Aufgabe, hoffend, diesmal mit etwas mehr Glück eine bessere Note zu bekommen. Pegasus möge helfend zur Seite stehen. Unser alter Ki wird dies vom Himmel aus sicher schmunzelnd zur Kenntnis nehmen.

# MEINE KINDHEIT

## Alt-Moabit

Man sagte mir, ich sei am 29. April 1924 geboren worden. Persönlich weiß ich das nicht, denn damals hatte ich noch keine Erinnerung. Man zeigte mir ein Foto von einem winzigen, klitzekleinen Knaben, splitternackt auf einem Eisbärfell liegend. Das sollte ich sein! Das erste Ereignis, an das ich mich erinnern kann, war ein Bettgestell, aus dem ich wegen der Holzstäbe nicht rausklettern konnte. Dieses Bett stand in einem Zimmer, in dem meine Mutter und meine Oma immer schliefen. Es befand sich im Bezirk Tiergarten in der Straße Alt-Moabit 119, im Hochparterre. Mein Vater war nicht dabei, denn er verstand sich nicht mit seiner Schwiegermutter und umgekehrt sie auch nicht mit ihm, eine typische Situation, die immer eintritt, wenn eine dominante Person in einer Familie das Sagen hat. So verbrachte ich also meine Jugend mit zwei Frauen, verstand es aber glanzvoll, mich bei ihnen durchzusetzen. Mein Vater stammte aus Käfertal bei Mannheim und war dort mit 13 (!) Geschwistern aufgewachsen. Von dieser übergroßen Familie lernte ich so gut wie niemanden persönlich kennen, selbst nicht in späteren Jahren.

Meine Großmutter hatte während des Krieges in der Potsdamer Garnison das Offizierscasino geleitet. Das war der Grund, dass beide Frauen nach dem Krieg in Berlin eine Pension aufmachten. Es herrschte Wohnungsknappheit im großen Berlin, Mieten waren teuer. Daher war es üblich, Zimmer einzeln zu vermieten. Meine Oma hatte eine Siebenzimmerwohnung als Pension eingerichtet und vermietete davon sechs möblierte Zimmer an Dauermieter. Heute gibt es ja Ähnliches, es heißt dann WG. An vielen Haustüren hingen damals sehr oft Schilder mit dem Hinweis „Möbliertes Zimmer zu vermieten“. Bei uns war es also eine Pension. Meine Oma war für die Küche zuständig. Sie war eine gute Köchin und kochte auf Wunsch immer für die Mieter, aber auch für auswärtige Gäste. Meine Mutter war dagegen für die Sauberkeit und Reinigung der Räume zuständig. Üblicherweise gab es in den Zimmern Wasserkannen mit einer Waschschüssel und einem Entsorgungseimer für das Abwasser etc., denn in der gesamten Wohnung stand nur ein einziges Badezimmer mit Toilette zur Verfügung, das von allen gemeinsam genutzt wurde. Auf Wunsch wurde der Badeofen beheizt und die Wanne mit warmem Wasser versorgt. Meine Aufgabe bestand darin, immer für genügend Klopapier aus zugeschnittenen Zeitungsblättern zu sorgen und die benötigten Briketts aus dem Keller raufzuholen. Auf diese Weise entstand eine vielschichtige Wohngemeinschaft, die sich untereinander gut verstand. Das gemeinschaftliche Leben spielte sich hauptsächlich in der Küche ab. Dort wohnte auch mein Kanarienvogel Hansi. Sein Käfig stand auf einem Absatz des Herdes. Wenn ich zu Hause war, durfte er frei herumfliegen. Ich hatte ihm einige Kunststücke beigebracht und liebte ihn über alles. Ich profitierte immer von dem Essen, das meine Oma für die Mieter auf einem Kohleherd zubereitete. Gegessen wurde in der Veranda, die sich neben dem großen Mittelzimmer befand.

Die Küche war der Wohnungsmittelpunkt, beherrscht vom Kochherd. Beheizt wurde er mit Kleinholz und Briketts, die säuberlich gestapelt am Ende des langen Flures lagerten. Gusseiserne Töpfe und Pfannen standen meiner Oma als Werkzeug zahlreich zur Verfügung. Sie beherrschte ihr Handwerk perfekt zum Nutzen der Wohngemeinschaft. Fast immer dampfte, brutzelte und roch es verführerisch und so schmeckte es dann auch. In Erinnerung sind mir die vielen schmackhaften Gerichte, die sie auf den Tisch zauberte, alles in der Art altdeutscher Küche. Königsberger Klopse, Hering mit Pellkartoffeln, Sauerkraut mit Bratwurst, Gulasch oder auch Milchreis mit Zucker und Zimt. Beliebt waren ihre Kartoffelpuffer mit Apfelmus, sie wurden stets knusprig-frisch auf dem Teller serviert. Hierbei wurde ich tatkräftig eingesetzt, ich musste die rohen Kartoffeln mit der Reibe zu Brei verarbeiten. Der Freitag war, christlicher Tradition folgend, Fischtag. Meistens gab es Kochfisch vom Kabeljau oder Rotbarsch. Der Donnerstag war hingegen grün, mit durchgedrehtem Spinat und Spiegelei. Den Sonnabend beherrschten Suppen jeglicher Art aus Erbsen, Bohnen, Linsen oder Gemüse. Fleischgerichte waren dem Sonntag vorbehalten, dazu dann Blumenkohl, Rotkohl oder gemischtes Gemüse. Mein Lieblingsessen war Schmorbraten. Besonders die schmackhafte Soße hatte es mir angetan, die aß ich mit zerquetschten Kartoffeln leidenschaftlich gerne und leckte danach den Teller ab. Am Nachmittag wurde das Waffeleisen hervorgeholt und frische Waffeln gebacken. Manchmal kamen auch Apfelbeignets auf den Tisch, die ich ganz besonders mochte. Dazu tranken wir Gerstenkaffee, der mit Zichorie verfeinert war, den sogenannten Muckefuck, denn richtigen Bohnenkaffee konnten wir uns nicht leisten, den gab es nur zu besonderen, festlichen Anlässen. Meinen Durst stillte ich grundsätzlich am Wasserhahn, indem ich den Wasserstrahl direkt in den geöffneten Mund laufen ließ. Zum Abend bekam ich natürlich Stulle, einfach belegt als Klappstulle. Manchmal durfte ich mir auch ein Salamibrot wünschen, mit Tomate und Gurke. Ich taufte es „illustriertes Brot“.

Vielleicht habe ich nun den Appetit des Lesers angeregt, wenngleich ich nur meiner Erinnerung Raum geben wollte. Es handelte sich um einen typischen Speiseplan, wie er in der sogenannten Weimarer Zeit allgemein üblich war.

## Das Wohnhaus

Unsere Wohnung befand sich auf der dem Kriminalgericht gegenüberliegenden Straßenseite, in einer für damalige Verhältnisse guten Lage. Sie hatte einen Vordereingang und einen Hinterausgang, der zu einem großzügigen Treppenhaus führte, von dem aus die Wohnungen des Hinterhauses und des Seitenflügels abgingen. Das umfangreiche Treppenhausgeländer nutzte ich oft und gerne für Kletterübungen, entweder auf der Außenseite herunterhangelnd oder auf dem Geländer rutschend. Die vorderen drei Zimmer boten vom Hochparterre aus eine gute Sicht auf die noch wenig befahrene Hauptstraße Alt-Moabit. Die hinteren vier Zimmer befanden sich auf der Hofseite. Nur wenige Meter weiter stand das Eckhaus Nr. 120, das mit der Paulstraße direkt zum Tiergarten und zum Park Bellevue führte. Der Hof wurde von einer Mauer begrenzt, mit guter Sicht auf einen großen Park, in dem sich das Privatgebäude der Kommandantur befand. Sehnsüchtig blickte ich oft vom Schlafzimmer aus auf das Grün der Parkanlage, die für uns Normalbürger jedoch nicht verfügbar war. Im Untergeschoss des Vorderhauses war ein Restaurant angemietet, besser vielleicht als Kneipe zu bezeichnen. Sie gehörte zwei Brüdern mit Namen Caesar. Dort war ein Telefonanschluss vorhanden, den wir uns noch nicht leisten konnten. Für uns war es jedoch von Vorteil, dass meine Mutter für telefonische Mitteilungen dorthin geholt werden konnte. Diese Möglichkeit nutzte ich einmal dreist aus. Ein leicht eingebildeter Mieter hatte meine Kinderehre mit einer Backpfeife beleidigt. Rachsüchtig bat ich einen älteren Spielkameraden – von einer Telefonzelle aus –, meine Mutter an das Kneipentelefon zu rufen, mit der Nachricht an besagten Mieter, er solle zu einer Verabredung an eine fünf Kilometer entfernte Kreuzung kommen. Die listige Idee hatte den gewünschten Erfolg. Ich belauschte dann – unter dem Küchentisch hockend – die Diskussion meiner Mutter mit dem Mieter über den merkwürdig anonymen Anrufer. Wutschnaubend kam der Verulkte von dem angeblichen Treffpunkt zurück. Heimlich feixend fand ich meine kindliche Ehre nunmehr gerettet.

In der Küche wurde wöchentlich die Wäsche gewaschen. Ein blecherner Kessel stand dann mitten im Küchenraum, wurde mit Gasflamme beheizt und mit Persil gefüttert. Er war für die damalige Zeit eine Neuerung. Aus einer Vielzahl Düsen wurde die Wäsche besprüht, musste aber trotzdem noch mit dem Scheuerbrett bearbeitet werden. Mit drei Jahren hatte ich allerdings mit dem Ungetüm schlechte Erfahrungen gemacht. Ich setzte mich versehentlich auf die blubbernde Masse und hatte eine Woche lang die Folgen zu ertragen. Mit der Elektrizität stand ich ebenfalls auf Kriegsfuß. Die Verdrahtung einer Steckdose war nicht normgerecht. So bekam ich etliche Male stark kribbelnde Bekanntschaft mit Strom. Eine weitere zeitlos lange schmerzende Erinnerung leistete ich mir mit einer Tür, die ich mit einer Hand zuschlug, während die Finger der anderen Hand sich nicht rechtzeitig in Sicherheit brachten. So weit mein Rückblick auf schmerzvolle Erfahrungen. Die Kinderkrankheiten wie Masern, Windpocken und Ziegenpeter überlasse ich den juckenden Erinnerungen.

Für unser Haus mit den zahlreichen Mietparteien war natürlich auch ein Hausmeister zuständig, mit einer dazugehörenden Portierswohnung, die von einer Familie Roßdeutscher genutzt wurde. Sie sorgte für Sauberkeit und Ordnung und war damit von den Mietparteien als Respektperson anerkannt. Ich verstand mich sehr gut mit den Leuten und bekam von ihnen sogar einen großen Teddybären geschenkt, den ich innig liebte und lange behielt.

Auf unserem Hof herrschte stets reger Betrieb. Zweimal in der Woche sammelten Kleinbauern mit lautstarkem Klingeln Kartoffelschalen für Kleinholz. Fast täglich spielte irgendein Leierkastenmann auf der Drehorgel seine Lieder ab und bekam dafür aus einigen Fenstern in Zeitungspapier eingewickelte Münzen zugeworfen. Ein Eisverkäufer bot große Eisblöcke zur Kühlung von Lebensmitteln an, denn Kühlschränke besaß kaum jemand. Die Bollerwagen belieferten die Läden mit Milch, die Bierkutscher brachten mit ihren prächtigen Pferdewagen Bierfässer zu den Kneipen und wurden dann mit dem üblichen Schluck Bier belohnt.

## Meine Familie

Ein schmaler Flur führte zum Hinterausgang unserer Wohnung. Dort stand eine Wäscherolle für die Bettwäsche der Mieter. Mehrmals täglich klingelte es an der Tür. Ich war für das Öffnen zuständig und meldete meiner Oma die Besucher an. Fast immer waren es Bettler, die um Unterstützung baten. Es war eine Zeit, in der große Armut herrschte und es viele Arbeitslose gab. Meine Großmutter war sehr sozial eingestellt. Jeder Bettler bekam bei uns eine Butterstulle oder, sofern gerade vorhanden, einen Teller Suppe zu essen. Nur selten wurde dem einen oder anderen auch mal ein Geldstück zugesteckt. Die Bettler durften auf dem Flur an der Wäscherolle essen. Ich glaube, dass sich das herumgesprochen hatte, denn einige kamen häufiger. Einer gehörte fast schon zur Familie. Er durfte in unserem Schlafzimmer mit mir spielen und brachte mir ein paar Zauberkunststücke bei. Meine Oma hatte keine Bedenken, dass jemand von ihnen uns bestehlen könnte, und sie behielt recht mit ihrer positiven Einstellung. Als sich meine Oma den Arm brach und ins Krankenhaus musste, kam ihre Schwester Hulda aus Bad Freienwalde als treu sorgende Hilfe zu uns.

Jeden Sonntag war Kirchgang angesagt, da ging meine Oma mit meiner Mutter zum Gottesdienst in die Johanneskirche, die – unserer Wohnung nahe – in der Straße Alt-Moabit lag. Seltener besuchten sie die etwas entferntere Heilandskirche, die sich im kleinen Tiergarten befand. Beide waren christlich gläubig. Ich begleitete sie sehr oft und fand Gefallen daran. Also beschloss ich, doch einmal den Kindergottesdienst zu besuchen, der – etwas abseits vom Hauptkirchenschiff gelegen – gleichzeitig stattfand. Ich bat meine Mutter, mich anzumelden, und machte unter der Leitung unseres Gemeindepfarrers bald alle Treffen und Veranstaltungen mit. Ich hatte meinen Spaß daran, lernte fleißig die Kirchenlieder auswendig und war bald firm im Katechismus und bei den christlichen Geboten. Unsere Gemeinde gehörte zur evangelischen Johanneskirche, ein prächtiger Bau, entworfen von Schinkel, mit der Eigenart, dass der Glockenturm selbstständig und abseits vom Kirchenschiff errichtet war. Der Zufall wollte es, dass ich nach dem Krieg ein Gutachten über die Standfestigkeit des teilzerstörten Kirchenschiffes erstellen musste. Neben den üblichen Gottesdiensten fanden des Öfteren auch Veranstaltungen der Gemeinde statt. Ich erinnere mich dabei noch lebhaft an eine kirchliche Feier. Wir fuhren geschlossen mit der Straßenbahn nach Spandau zum Johannesstift. Unserer Kirche war diesem Stift-Areal angegliedert, einem Komplex mit zahlreichen diakonischen Einrichtungen. Dort, im nahen Stadtforst, dem Stiftsgelände gegenüber gelegen, wurde dann ein Gottesdienst abgehalten und fröhlich Kirchenlieder gesungen. Anschließend gab es Kaffee und Kuchen. Es war für mich als kleiner Junge ein eindrucksvolles Gemeinschaftserlebnis.

Im Alter von vier oder auch fünf Jahren war ich schon aufgeklärt, das heißt, ich glaubte nicht mehr an den Weihnachtsmann; dafür hatten die Jungs gesorgt, mit denen ich auf der Straße spielte. Natürlich gab es auch keinen Osterhasen. Aber zu Ostern ging mein Vater mit mir in den großen Tiergarten zum Ostereiersuchen. Ich fand immer alle möglichen Sorten von bunt verpackten Eiern im Gras oder unter Gebüschen verborgen und war partout der Meinung, dass die gute Parkverwaltung sie für die Kinder versteckt hätte. Natürlich hatte mein Vater sie unauffällig an den einzelnen Verstecken fallen lassen, ohne dass ich es merkte.

Da meine Eltern geschieden waren, setzte das Jugendamt einen Vormund für mich ein, der sich um mich kümmern und von meinem Vater Unterhaltsgeld eintreiben sollte. Der Mann war aus meiner Sicht ein totaler Reinfall. Er besuchte uns einmal im Monat, beachtete mich mit Ausnahme einer kurzen Begrüßung kaum, ließ sich von meiner Oma jedoch ausgiebig bewirten. Er redete viel, erzählte nur dummes Zeug, soweit ich das als kleiner Junge beurteilen konnte. Von meinem Vater bekam er zwar kein Geld, ergaunerte sich aber stattdessen sogar noch Trinkgeld von uns. Meine Großmutter fand das merkwürdigerweise völlig in Ordnung, bestimmt, weil sie meinen Vater nicht leiden konnte und ihm übel mitspielte. Meine Mutter, eigentlich besonders betroffen, verhielt sich still, weil sie ihrer Mutter, meiner dominanten Oma, nicht zu widersprechen wagte. Sie hatte nämlich das Handicap, als uneheliches Kind geboren zu sein, ein in damaliger Zeit diffamierender Zustand, unter dem sie stark zu leiden hatte. Mir wurde das allerdings erst in späteren Jahren klar.

Mir war untersagt worden, mit meinem Vater Kontakt aufzunehmen. Mit einigen Tricks schaffte ich es ab und an aber dennoch. Er wohnte in der Pritzwalker Straße bei der Familie eines Chemikers namens Ihrke zur Untermiete. Er nahm mich des Öfteren dorthin mit. In der Wohnung gab es noch kein elektrisches Licht, sondern nur Gaslampenbeleuchtung. Wir saßen dann lange und gerne bei gemütlichem Schummerlicht, bis die Gasflammen angezündet wurden. Den Abend verbrachte die Familie mit Unterhaltungen, die mich langweilten, oder aber mit Gesellschaftsspielen, bei denen ich dann mitmachen durfte. Anschließend brachte mein Vater mich wieder nach Hause.

## Das Leben in Kindertagen

In unserem Mittelzimmer, einem damals wohnungsüblichen sogenannten „Berliner Zimmer", stand ein Klavier, an dem ich immer herumklimperte. Da im Hinterhaus ein ehemaliger Kapellmeister wohnte, der sich als Klavierlehrer betätigte, schickte mich meine Mutter zu ihm. Ich sollte bei ihm schließlich das Klavierspielen lernen. Er unterrichtete mich im Notenlesen und Erkennen der verschiedenen Notenzeichen. Mit meinen Notenblättern unter dem Arm besuchte ich ihn oft und gerne. Es machte mir Spaß, dem Möbelstück mit verbogenen Fingern Töne zu entlocken, die manches Mal sogar melodisch klangen. Mit dem Fuß sollte ich auf ein unten vorhandenes Pedal drücken, was ich allerdings überhaupt nicht verstand. Nach beachtlichen Anfangserfolgen, als fleißiger Schüler gelobt, vernachlässigte ich meine häuslichen Übungen immer öfter. Statt schöner Lieder und klangvoller Musikstücke sollte ich ständig die mir langweilig erscheinenden Etüden üben. Das gefiel mir nun gar nicht und ich gab diese nützliche Betätigung schließlich auf. Heute sage ich: „Schade drum, hättest du mal weiter geübt!" Doch alle Reue kommt zu spät, denn jetzt bewundere ich alle Standhaften, die es mit ständigem Üben zu gekonnten Klavierspielern geschafft haben.

Den Weihnachtsbaum besorgte uns immer einer unserer Mieter. Ich durfte beim Aussuchen „fachkundig" dabei sein und beim Baumschmücken helfen. Heiligabend stand dann bei uns ein großer, mit Lametta und bunten Kugeln geschmückter Weihnachtsbaum auf einem Ecktisch vor dem Fenster. Echte Kerzen, mühevoll mit Kerzenhaltern an einzelnen Zweigen befestigt, wurden mit Streichhölzern sorgsam angezündet, sodass anheimelndes Licht für eine stimmungsvolle Atmosphäre sorgte. Meine Mutter spielte auf dem Klavier die bekannten Weihnachtslieder, zu denen einige Strophen sogar auswendig gesungen wurden. Ich hörte beschämt ihrem Spiel zu, denn sie hatte im Gegensatz zu mir ja richtig Klavier spielen gelernt. Geschenke gab es nur wenige; stattdessen stand ein großer bunter Teller mit Pfefferkuchen auf dem Tisch. Ich bekam neben Süßigkeiten ein Paar Schlittschuhe geschenkt, die mit einem Steckschlüssel an meine hohe Straßenschuhe anzuschrauben waren.

Mit meinem Vater, später dann auch allein, ging ich zum Schlittschuhlaufen in den Tiergarten zum „Neuen See", der von einer Firma vom Schnee geräumt wurde und gegen geringes Entgelt genutzt werden konnte. Das Schlittschuhlaufen erlernte ich schnell, aber für Pirouetten blieb es beim Versuch. Die Winter waren teilweise dermaßen kalt, dass ich total durchgefroren nach Hause kam und meine eisigen Füße so schnell wie möglich am beheizten Kachelofen aufwärmte. Wir Jungs trugen fast alle die üblichen kurzen Hosen. Dazu hatten wir Kniestrümpfe an, die im Winter durch selbst gestrickte lange Wollstrümpfe ersetzt wurden, um die Kälte abzuhalten. Sie wurden von uns gehasst. Lange Hosen hatten wir jedoch nicht, sie waren noch nicht so in Mode.

Die wärmeren Jahreszeiten verbrachte ich überwiegend mit einigen anderen Jungen auf der Straße. Da waren Karl-Heinz Zülsdorf, Max Rauscher, Stani Gurk, meine Straßenfreunde aus dem Haus, ein paar fremde Jungs kamen fast immer noch hinzu. Zu unserer Gruppe gehörte auch ein großer Junge, einige Jahre älter als wir, der in der dritten Etage bei seinen Adoptiveltern lebte. Er war Jude, was uns so ziemlich egal war, hieß Salomon und war ein guter Kumpel, der zu uns passte. Wir wunderten uns nur, dass er eines Tages nicht mehr kam. Wir nahmen es als Kinder jedoch ohne weitere Nachforschungen zur Kenntnis, waren vielmehr der Meinung, dass er umgezogen sei.

In meiner Frühzeit, ich glaube im Alter von etwa vier Jahren, versuchte ich mich im Murmelspielen, später waren es die teureren Glasbugger, die man zielsicher in eine Mulde befördern musste. Ich nahm mutig das Spiel mit anderen Jungen auf und war immer todtraurig, wenn ich alle Kugeln verspielt hatte. Deshalb beschäftigte ich mich fortan lieber mit „Trieseln“, also Kreiseln, peitschte ein pyramidenförmiges Etwas stundenlang die Straße entlang oder hüpfte mit anderen Kindern über aufgemalte Kreidevierecke, auch „Hopse“ genannt. Später kamen kleine, metallene Formel-1-

Rennwagen, die „Silberpfeile", in Mode und die Straße wurde nach Avus-Vorbild zur Rennstrecke.

Im Gegensatz zu vielen anderen Jungs hatte ich kein Interesse am Spielen mit elektrischen Eisenbahnen. Ich beschäftigte mich viel lieber mit meinem Stabil-Baukasten und schraubte Türme, Häuser und Fahrzeuge zusammen. Ich las viel und begierig die Karl-May-Bände und verfolgte gespannt die Abenteuer von Winnetou, Old Shatterhand und Hadschi Halef Omar. Fast jeden Sonntag gingen wir Kinder ins Kino. Die Jugendvorstellung begann um 14.00 Uhr und kostete 50 Pfennig. Am liebsten sahen wir Wildwestfilme und fieberten laut brüllend mit, wenn Trapper oder wild reitende Indianer die Bösewichte jagten. Zufrieden verließen wir dann die Vorstellung. Schließlich hatte die Gerechtigkeit gesiegt und die Verbrecher hatten ihre Strafe erhalten. Für Räuber-und-Gendarm-Spiele nutzten wir die Hinterhöfe unseres Kiezes. Erste Fußball-Begeisterung wurde auf dem Bolzplatz im Tiergarten geweckt. Richtige Fußballspiele waren das nicht, sondern mehr oder weniger ein Rumgefummel mit dem Ball. Einige kindliche Streiche ließen wir uns auch einfallen. Mehrmals an fremden Haustüren zu klingeln und dann wegzurennen, machte uns einen Heidenspaß. Wir füllten auch leidenschaftlich gerne Wasser prallvoll in einen Luftballon und spritzten damit vom oberen Fenster aus auf vorbeigehende Passanten, mussten uns dann immer rasch verstecken, um nicht entdeckt zu werden. Es klappte meistens ganz gut. Im Telefonbuch suchten wir uns auch einige Male Namen wie „Donner" aus, riefen dort an, meldeten uns mit: „Hier ist Blitz, wollen wir mal zusammen ein Gewitter machen?" Mit Schadenfreude erwarteten wir die Schimpfausbrüche der Angerufenen. Derartiges bereitete uns herrlich kindliche Freude.

An unserer nächsten Straßenecke, der Spenerstraße, gab es eine Eisdiele, dort kauften wir uns dann für 10 Pfennig eine dicke Eiswaffel und lutschten sie genüsslich. Auf der Straße kabbelten oder rauften wir uns gerne untereinander oder mit anderen. Es war mehr ein freundschaftliches Toben als eine Straßenschlacht. Wenn dann in der Ferne ein Polizist warnend seinen Zeigefinger erhob, folgten wir gehorsam seiner Anordnung, denn ein Polizist war für uns eine Respektperson.

Mit etwa drei oder vier Jahren wurde ich in einen Kindergarten gebracht, der sich in der Nähe befand. Dort versuchte ich vergeblich, mit den anderen Kindern zu spielen. Es gefiel mir nicht besonders und so beschloss ich eines Mittags einfach, selbstständig nach Hause zu laufen. Mit erstaunten Gesichtern wurde ich in Empfang genommen, und das sogar ohne einen Vorwurf, denn die Straße war belebt und der Autoverkehr gering.

Im Alter von sechs Jahren wurde ich eingeschult. Mit einer großen Schultüte kam ich zur Volksschule und erlernte bei einem Fräulein Dittberner erste Schreibversuche auf einer Schiefertafel. Mit einem Griffel übte ich fleißig kratzend das Abc. Ein knappes Jahr später wurden wir mit einer anderen Klasse zusammengelegt. Lehrer Kreide bändigte seine nunmehr 40 Schüler mit Strenge und Rohrstock. Es blieb nicht aus, dass auch ich in gebückter Haltung Schläge auf mein Hinterteil in Kauf nehmen musste. Nunmehr mit Schreibfeder und Tintenfass ausgestattet, erlernte ich bald die deutsche Schrift und eine umfangreiche deutsche Grammatik. Trotz einer großen Schülerzahl in der Klasse brachte uns Lehrer Kreide immerhin noch eine ganze Menge bei, weil er mit interessanten Erzählungen und Durchsetzungsvermögen unsere Aufmerksamkeit wecken konnte. Mit zehn Jahren verkündete ich meiner Mutter, dass ich nun auf das Gymnasium gehen wolle, obwohl dort jeden Monat 25 Reichsmark Schulgeld die knappe Haushaltskasse belasten würde. Ich setzte mich jedoch nach einigen kurzen Familienberatungen durch und konnte meine weitere Ausbildung fortan im Staatlichen Luisengymnasium fortsetzen.

## Die Schulferien

Fast alle meine Ferien verbrachte ich bei unseren Verwandten auf dem Bauernhof. Er befand sich in Karlsdorf, einem kleinen Ort im Land Brandenburg. Er bestand aus nur zwölf Bauernhöfen und lag in der Nähe von Neuhardenberg. Dort lebte Tante Minna, die Schwester meiner Oma. Ihr Sohn Otto bewirtschaftete den Hof gemeinsam mit Enkelsohn Herbert. Zwei Enkeltöchter, Hilde und Erna, vervollkommneten die Bauernfamilie. Außerdem lebten auf dem 50 Morgen großen Hof noch ein Pferd, vier Kühe, Schweine, Gänse, Hühner und Tauben. Sie alle sorgten für einen großen Misthaufen mit einer stinkenden Jauchegrube, in die ich natürlich prompt reinfiel, um ebenso zu stinken.

Das Gehöft bestand aus dem Wohnhaus, einem Viehstall, einer Scheune, einem Tabakschuppen und einem Klohäuschen. Wasser wurde aus einem Tiefbrunnen von einer Plumpe mit einem Schwengel nach oben befördert und mit Eimern ins Haus geholt. Eine Wasserleitung gab es nicht. Wir wuschen uns in der Küche aus einer Waschschüssel. Einmal wöchentlich wurde für die Mannschaft kräftiges Bauernbrot gebacken. Dazu wurde der Backofen mit trockenen Zweigen beheizt. Zum Frühstück gab es Stulle mit Sirup. Im Herbst wurde ein Schwein geschlachtet, das mit seinem Fleisch, mit Schinken und Wurst den Hunger ein Jahr lang stillte. Geflügel, geerntetes Gemüse und Obst vervollständigten die Nahrung. Da es noch keine Stromversorgung gab, sorgten Petroleumlampen für schummrige Abendbeleuchtung.

Zum ersten Mal brachte mich meine Oma im Alter von knapp drei Jahren nach Karlsdorf. Das war für mich eine Katastrophe, denn mein Essbesteck war nicht dabei. Unter Protest bockte ich so lange, bis dieser Aufenthalt abgebrochen wurde. Selbstverständlich wurde ich in späterem Alter doch wieder auf den Bauernhof gebracht und blieb von da an immer sehr gerne dort. Anfangs wurde ich noch von dem 15 Kilometer entfernten Bahnhof Trebnitz abgeholt, später fuhr ich dann mit meinem Fahrrad, das ich für 20 Reichsmark erstanden hatte, nach Karlsdorf. Meistens benutzte ich die S-Bahn bis Strausberg und fuhr von dort aus die 30 Kilometer mit dem Rad über die Dörfer ans Ziel. Manchmal fuhr ich jedoch auch die gesamte 70 Kilometer lange Strecke von Berlin aus nach Karlsdorf.

Aus der Schwedter Verwandtschaft meiner Großmutter kamen meistens noch zwei oder drei Jungs als Feriengäste hinzu. So waren wir fünf bis sechs Jugendliche, die sich untereinander gut verstanden und die Ferien dort gemeinsam verbrachten. Wir wurden, wie auf einem Bauernhof üblich, bei allen Arbeiten als Helfer fest eingeplant und eingesetzt, im Frühjahr bei den Saatarbeiten, im Sommer bei der Tabak- und Getreideernte, im Herbst beim Kartoffelbuddeln. Am schönsten war es in den Sommerferien, wenn die Kornfelder von Vater und Sohn mit der Sense gemäht wurden und wir die Garben binden und zu Mandeln aufstellen mussten. Die Vesperbrote schmeckten dann besonders gut. Hoch auf dem Erntewagen sitzend ging es auf den Hof zurück. Die Fuhre, vom einzigen Pferd mühsam gezogen, wurde anschließend von uns in der Scheune abgeladen. Beim Dreschen des Getreides machten wir ebenfalls tatkräftig mit. Mit dem Leiterwagen holten wir abends frisch gemähtes Gras für das Vieh von der Wiese.

Für uns Jugendliche blieb aber immer noch genügend Freizeit für alle möglichen gemeinsamen Spiele. Bei der Pilzsuche wetteiferten wir, wer die meisten Pfifferlinge entdeckte. Zum Blaubeerensammeln ging es in den Wald. Jeder bekam eine kleine Blechbüchse, in die er seine Ausbeute einsammelte. Ein großer Blaubeerhaufen kam auf diese Weise zusammen, der für eine gute Blaubeersuppe, angereichert mit Mehlklieben, für ein paar Mahlzeiten reichte. Jeden Abend badeten wir im nahen Lettinsee und schwammen auch gerne mal zum gegenüberliegenden Ufer. Ein selbst gebauter, hölzerner Laufsteg eignete sich perfekt für unsere Sprungübungen. Ich habe seit meinem sechsten Lebensjahr immer auf dem Bauernhof mitgeholfen. Es hat all die Jahre viel Spaß gemacht, es waren stets meine geliebten Ferien.

In Berlin bin ich im Sommer nach Schulschluss gerne ins nahe Poststadion gegangen. Dort gab es ein Schwimmbad mit einem großen Becken und einem Sprungturm mit einem Ein-, Drei- und Fünfmeterbrett. Ein Bademeister passte bei den Sprüngen auf und sorgte für Ordnung. Meistens gingen wir in kleinen Gruppen zum Schwimmen. Gegen fünf Uhr beendete stets (!) ein Gewitter den Schwimmbadbesuch. Anschließend freute ich mich immer auf eine Büchse mit Ölsardinen, die schmeckte mir danach besonders gut. Natürlich stimmt das mit dem „stets“ nicht so ganz. Aber so trügt nun mal oft die Erinnerung ...

## Anfänge der NS-Zeit

Die Küche war der Mittelpunkt unserer Wohngemeinschaft. Dort wurde diskutiert und politisiert. Es waren unruhige Zeiten. Die unterschiedlichen Meinungen unserer Mieter spiegelten die Vielfalt der Parteienlandschaft wider. Ich betätigte mich zwangsweise als unbedarfter, stiller Zuhörer und bekam erste Eindrücke vom politischen Geschehen. Zeitweilig wohnte auch ein SA-Mensch bei uns, in brauner Uniform mit Schaftstiefeln und Schirmmütze. Er besaß einen großen Schäferhund und versammelte seine Parteifreunde um sich, oft sogar in der Absicht, abends auf die Straße zu ziehen, um dort die Kommunisten zu provozieren und Randale zu veranstalten. Das wurde im Allgemeinen sogar als Normalität empfunden und ohne weiteres Aufsehen hingenommen. Mehrmals in der Woche zogen in der Straße Alt-Moabit-Demonstrationskolonnen an unserem Haus vorbei. Die Nazis in ihren braunen SA-Uniformen, im Gleichschritt, mit Fanfarenklängen und Trommelwirbel; die Kommunisten mit roten Fahnen, geballten Fäusten und Schalmeienmusik. Die einen sangen das Horst-Wessel-Lied, die anderen die Internationale. Die Sozis waren nicht ganz so aktiv. Überall hingen aus den Fenstern der Häuser Fahnen, meist rote, mit Hammer und Sichel oder mit Hakenkreuz, dazu auch einige Reichskriegsflaggen und schwarz-weiß-rote. In meiner Erinnerung hatten sich die Straßen in ein Fahnenmeer verwandelt. Sogar die Hinterhöfe waren nicht verschont geblieben. Die Bewohner waren bestrebt, auf diese Weise ihre politische Meinung kundzutun.

Als Folge des „Schwarzen Freitags" an der New Yorker Börse verschlimmerte sich die Wirtschaftslage in Deutschland dramatisch. Die Arbeitslosenzahl stieg auf sechs Millionen. Armut und Hunger waren an der Tagesordnung. Mein Vater arbeitete als kaufmännischer Angestellter in der Verwaltung und wurde ebenfalls arbeitslos. Wie viele andere in den Anfängen der Dreißigerjahre trat auch er in die Nazipartei ein, war also ein sogenannter „Alter Kämpfer". Er bekam sehr bald ein Amt als Kassierer seiner SA-Abteilung. Wenn er die Mitgliedsbeiträge bei seinen Parteigenossen einkassierte, nahm er mich meistens mit. Er traf dabei verschiedentlich Kriegsteilnehmer und tauschte dann gerne mit ihnen Kriegserlebnisse aus. Oft lebten die Familien in Kellerwohnungen. Wir wurden stets freundlich aufgenommen. Während die Männer sich unterhielten, wurde ich mit Kuchen verwöhnt und mit allen möglichen, mir noch unbekannten Spielen beschäftigt. Es machte mir sehr viel Spaß.

Im Hinterhaus wohnte eine Kommunistenfamilie. Ich spielte immer gerne mit deren Sohn. Seine Mutter nähte uns Matrosenhosen aus Bettlaken, die wir stolz trugen. Nach der Machtübernahme hatten sie es eilig zu erklären, dass auch sie nun Nazis seien, und das mit dem Kommunismus wäre nicht richtig gewesen. Im Seitenflügel wohnte ein für mich merkwürdiger Mensch mit langen, zerzausten Haaren. Er lief barfuß und ernährte sich von rohen Zwiebeln. Meine Oma unterhielt sich oft mit ihm und erklärte mir, dass er eigentlich ein kluger Mann wäre, der trotz seines Aussehens vernünftige Ansichten hätte. Er schimpfte auf die Nazis und war eines Tages auf Nimmerwiedersehen verschwunden.

So weit meine Erinnerungen an die frühe Kindheit in einer turbulenten Zeit. Nun begannen die Erlebnisse meiner Jugend ...

# Meine Jugend

## Die Rathenower Straße

Im Winter 1932/33 zogen wir mit unserer Pension in die Rathenower Straße Nr. 4. Dort war es etwas vornehmer als in Alt-Moabit, obwohl dieses Haus sich gleichfalls gegenüber dem Kriminalgericht befand. Seine Rückfront grenzte an das Kasernengelände der Reichswehr. Der Treppenaufgang war mit Marmor ausgekleidet, die Treppenstufen mit Teppichboden belegt. Wir wohnten in der dritten Etage. Alle unsere Mieter hatten unseren Umzug mitgemacht. Unsere Dauermieterin, Frau Scheunemann, bekam das schönste Vorderzimmer und bewohnte es bis zur Ausbombung. Ich hatte auch nach dem Kriege noch eine freundschaftliche Beziehung zu ihr. Das Nebenzimmer bewohnte eine Halbjüdin, Frau Stein, zusammen mit ihrem England-Freund Tommy. Langjährige, aber wechselnde Mieter waren ein Diplomat mit seiner kolumbianischen Frau und zwei bildhübschen kleinen Töchtern, zwei Zöllner, ein Berufstaucher, ein Fußballtrainer namens Fury, eine zierlich Sportlerin, Fräulein Hallbauer, und eine Krankenschwester. So weit meine Namenserinnerung. In der Eingangsetage befand sich eine echte Berliner Bierkneipe. Dort musste ich des Öfteren für Mieter Bier in einem Siphon holen. Das Beste jedoch war ein kleines, schmales Zimmer, für mich ganz allein, direkt neben der Küche gelegen, das früher vielleicht einmal als Speisekammer genutzt worden war. Das musste ich allerdings für einige Monate dem Schwedter Cousin meiner Mutter überlassen, der es für die Zeit seines Apothekerstudiums benötigte. Ich hatte nun die Möglichkeit, meine Schularbeiten allein am Schreibtisch zu erledigen, ohne dass mich vorbeigehende neugierige Mieter beeinträchtigten. Zudem hatte ich jetzt auch einen Raum, in den ich mich zurückziehen konnte und in dem mich Freunde besuchen konnten.

In Zeitabständen kam ein Kammerjäger zu uns, denn wegen der Nähe des Hauses zum Kasernengelände war unsere Wohnung oft verwanzt, was in damaliger Zeit allerdings keine Seltenheit war. Sehr oft wachte ich dann am Morgen mit juckenden Stichen auf, gewöhnte mich aber daran, genauso wie unsere Mieter. Weitere Mitbewohner waren Schaben, also schwarze Käfer, die sich am wärmenden Küchenherd aufhielten, als lichtscheue Wesen tagsüber aber nicht groß in Erscheinung traten. Sie hatten bei uns kein langes Leben und störten deshalb kaum.

Das Jahr 1933 begann mit der Machtübernahme Hitlers und einem langen Fackelzug durch das Brandenburger Tor, den ich mir nicht entgehen ließ. Ich stellte mich im Tiergarten an den Straßenrand in die jubelnde Menschenmenge und bestaunte begeistert den Umzug der siegreichen Parteigenossen. Mit immer wechselnden Kapellen zogen die nicht enden wollenden SA-Kolonnen unter Marschmusik an den „Sieg Heil“ rufenden Passanten vorbei. Der Schein Tausender leuchtender Fackeln hatte in der nächtlichen Dunkelheit fast schon mystischen Charakter.

Ende Februar kam einer unserer Mieter, ein Zöllner, aufgeregt in die Küche mit der Nachricht, dass der Reichstag brennen würde. Schnell zogen wir uns alle an und eilten die kurze Strecke zum Tiergarten, um aus der Ferne geschockt die brennende Kuppel zu beobachten. Flammen beleuchteten den Nachthimmel, Feuerwehr und Polizeiwagen kamen mit Getöse überall angebraust, SA-

Mannschaften waren sichtbar. Wir verließen den Platz gegen Mitternacht.

Die Parlamentsversammlungen wurden daraufhin in die nahe gelegene Krolloper verlegt. Dort, ganz in Spree-Nähe, befand sich außerdem ein Vergnügungspark, den wir an Wochenenden immer gerne besuchten. Leider musste er bald schließen, denn er passte der Partei in dieser Gegend nicht. Zur bevorstehenden Wahl im Frühjahr hingen überall Plakate mit Hitlerbild und der Aufforderung: „Gebt mir vier Jahre Zeit" und, wie weiter zu lesen stand: „Ihr werdet Deutschland nicht wiedererkennen". Es wurden zwölf lange Jahre und tatsächlich war dann Deutschland nicht mehr wiederzuerkennen. Vom Röhm-Putsch erfuhr ich fast nur beiläufig von meinem Vater, ohne allerdings großes Verständnis für dieses Geschehen aufzubringen. Es war für mich kein diskussionswürdiges Ereignis.

Dagegen begeisterte mich 1936 die Olympiade. Im nahen Poststadion konnte ich das Fußballspiel der deutschen Nationalmannschaft gegen Norwegen sehen. Es war ein Ausscheidungsspiel, dem auch Hitler als Zuschauer beiwohnte. Deutschland verlor und Hitler verließ wutschnaubend vorzeitig das Stadion. Für das Olympiastadion selbst konnte ich mir die teuren Karten nicht leisten. Mit Optimismus fuhr ich dennoch täglich mit der S-Bahn zum Stadion und versuchte, dort noch eine der Eintrittskarten zu ergattern. Ich sprach überall die Leute an und fragte sie nach Karten. Dreimal hatte ich Glück, konnte ein Hockeyspiel sehen, eine Reiterveranstaltung und einen Schwimmwettbewerb. Für weitere olympische Wettbewerbe mussten Wochenschau und Filmberichte reichen, denn Fernsehen gab es ja damals noch nicht. Zu dem von Leni Riefenstahl gedrehten Olympiafilm durften wir geschlossen von der Schule aus hingehen. Wir fieberten mit den

Sportlern und freuten uns über die vielen Medaillen, die alle von „unseren Deutschen“ errungen wurden. Für uns Jungen war es ein richtig tolles nationales Erlebnis.

## In der Hitlerjugend

Ich war zehn Jahre alt, stand an einer Straßenkreuzung und wartete auf übergangsfreien Verkehr. Da hielt ein junger gut aussehender Bursche mit dem Fahrrad neben mir. Er gefiel mir in seinen schwarzen Cordhosen und seinem braunen Hemd mit dem Schulterriemen. Er sprach mich an und erzählte mir begeistert von seiner Jungvolk-Gruppe. Er schlug mir vor, doch ebenfalls mitzumachen. Ich fand Gefallen an seinen Berichten, fuhr stolz mit ihm, auf der Nabe seines Hinterrades stehend, zu seiner Geschäftsstelle. Plötzlich war ich Mitglied im Deutschen Jungvolk, einer Unterorganisation der HJ, der Hitlerjugend. Wir hatten in der Turmstraße einen Raum für sogenannte Heimabende zur Verfügung. Dort lernten und sangen wir Landsknechtslieder und erfuhren alles Mögliche über die NS-Organisation, über ihre Ideologie, die Bedeutung von „national“, „sozial“ und „Rasse“. Ich hörte zum ersten Mal, dass in Gesprächen nicht von Hitler, sondern von „unserem Führer“ erzählt wurde und dass er auch nur mit „Mein Führer“ anzusprechen sei. Weiterhin erfuhr ich dabei, dass der Badenweiler-Marsch sein Lieblingsmarsch sei und immer gespielt wurde, wenn es hieß: „Unser Führer kommt“.

An Wochenenden marschierte unsere Gruppe – sie wurde Fähnlein genannt – in die nahe gelegene Jungfernheide, das war ein Forst. Unser Fähnleinführer schritt stolz voran, gefolgt von einem Fahnenträger und zwei Trommlern. Wir marschierten im

Gleichschritt als geschlossene Einheit hinterher, kräftig und laut singend mit dem Lied auf den Lippen: „Unsere Fahne flattert uns voran, unsere Fahne ist die neue Zeit ...“ Dort, in waldiger Umgebung, wurden wir mit Geländespielen und Orientierungsübungen beschäftigt. Mir gefiel das alles, es machte riesigen Spaß und ich fand tolle, nette Freunde.

Mehrfach wurden wir für Geldsammlungen eingesetzt. Hierfür wurden wir mit Sammelbüchsen ausgestattet und mussten laut rufend, mit der Büchse klappernd, auf der Straße Spenden sammeln. Die Geldspender erhielten sichtbare Anstecknadeln oder kleine, recht hübsche Holzfiguren, wie beispielsweise Reiter auf einem Schaukelpferd. Mit Sprüchen wie „Ohne Reiter geht's nicht weiter“ stellten wir uns den Passanten in den Weg, bis eine Münze in der Büchse klapperte. Voller Stolz wetteiferten wir dann untereinander mit gut gefüllten Sammelbüchsen. Mehrmals wöchentlich gab es immer irgendeinen Grund für eine Geldsammlung. In der Regel musste die Winterhilfe als Name dafür herhalten; bei Haussammlungen waren verarmte Auslandsdeutsche oder die Feuerwehr der angebliche Grund. An Eintopfsonntagen gab es Erbsensuppe aus der Gulaschkanone, die dann, gemeinschaftlich auf Holzbänken sitzend, verzehrt wurde. Sämtliche Aktionen wurden zum Geldsammeln genutzt. Gutgläubig waren wir der Meinung, dass die Spenden für soziale Zwecke benötigt würden, während das Geld in Wahrheit für die Kriegsaufrüstung Verwendung fand.

Im Alter von 14 Jahren wurden wir Pimpfe in die Hitlerjugend eingegliedert. Dort ging es bereits stramm militärisch zu. Das gefiel mir überhaupt nicht. In trotziger Reaktion lief ich daher auf der Straße stets mit beiden Händen in den Hosentaschen herum. Ich betrachtete das als meinen heimlichen Protest gegen die Bevormundung. Ständig wurden wir gedrillt, mussten strammstehen, marschieren und exerzieren. An jedem Wochenende wurde ich zum sogenannten HJ-Dienst abgeholt, versteckte mich aber sehr oft. Meine Mutter verriet mich lobenswerterweise nicht. Bei Großveranstaltungen, Parteiaufmärschen oder Kundgebungen wie beispielsweise zum 1. Mai mussten wir massenfüllend mitmarschieren, mussten oft stundenlang ausharren, um die Reden der NS-Größen über uns ergehen zu lassen. Da unsere sogenannte HJ-Uniform nur aus Braunhemd, kurzer Hose und Kniestrümpfen bestand, kam ich bei kaltem Wetter immer durchgefroren nach Hause und ärgerte mich, der Pflicht gehorchend mitgemacht zu haben. Mit 17 Jahren hatte ich die Nase voll und teilte einfach schriftlich meinen Austritt aus der HJ mit. Erstaunlicherweise hatte das für mich keine Folgen. Was ich damals nicht wissen konnte: Nach dem Krieg hatte ich dadurch sogar noch den Vorteil, mich nicht einer Entnazifizierungsprozedur aussetzen zu müssen, wie vergleichsweise meine anderen Schulfreunde. Sie wurden nämlich mit 18 Jahren automatisch und widerspruchslos von der HJ in die NS-Partei übernommen und waren damit als aktive Nazis eingestuft.

## Die Vorstufe zum Krieg

Langsam und allmählich wurden wir immer stärker politisch beeinflusst. Es gab preiswerte Radios, die Volksempfänger, die bald in jeder Wohnung standen. Auf öffentlichen Plätzen wurden Lautsprecher installiert, mit denen die Reden von Hitler, Göring und Goebbels für alle hörbar übertragen wurden. Großereignisse wurden mit Marschmusik gebührend gefeiert. Die Besetzung des

Rheinlandes erfolgte durch die Wehrmacht, ohne dass eine nennenswerte Reaktion der Sieger eintrat. Beim Tag von Potsdam zeigte sich Hitler dem Reichspräsidenten gegenüber loyal. Kurze Zeit später starb Hindenburg und Hitler hatte freie Bahn, die er weidlich nutzte. Dieses für mich nicht sonderlich interessante Ereignis war ausgiebiges Gesprächsthema bei meinem Ferienaufenthalt in Thüringen, wo ich gerade bei der Familie eines Kriegskameraden meines Vaters zu Besuch war. Dort kostete ich erstmalig Thüringer Bratwürste und Klöße in Petersiliensoße. Beides bekam mir nicht, ich musste mich mächtig übergeben. Mein Magen nahm es mir mit einem langen Gedächtnis übel, sodass ich diese Gerichte auch heute noch nicht mag.

Das Saarland wurde nach einem eindeutigen Wahlergebnis in das Deutsche Reich eingegliedert. Ständig erklang im Radio das Lied „Deutsch ist die Saar“ nach der Melodie des Bergmann-Liedes „Glück auf, Glück auf, der Steiger kommt …“, und überall wurde es gesungen. Schließlich kam es, nicht ganz unerwartet, zum Anschluss Österreichs. Ich bestaunte eine österreichische Militäreinheit, die erstmalig an unserem Haus vorbeimarschierte. Die Eingliederung des Sudetenlandes erfolgte kurze Zeit später. Wir freuten uns mächtig und bewunderten die angeblich großartige Diplomatie des Führers, der uns damit den Frieden sicherte und die Auslandsdeutschen „heim ins Reich“ holte. Die Parole hieß: „Ein Volk, ein Reich, ein Führer!“. Spontane Kundgebungen des „dankbaren Volkes“ wurden organisiert. Ich wundere mich heute darüber, wie wir damals durch gezielte Propaganda derart beeinflusst waren.

Täglich konnte ich vom Fenster aus beobachten, wie Punkt zwölf Uhr ein Musikkorps der Wehrmacht mit Marschmusik von der nahen Kaserne aus bei uns vorbeimarschierte, um die Wachablösung am Ehrenmal in der Straße Unter den Linden vorzunehmen. Wir näherten uns dem Kriege. Deutschland sollte autark werden, sollte sich selbst mit Lebensmitteln versorgen. Butter wurde knapp. Bereits frühzeitig wurden Buttermarken eingeführt. Meine Großmutter schaffte es jedoch immer, uns ausreichend mit Butter zu versorgen. Ich glaube, sie tauschte irgendwo zusätzlich Marken ein. Mir fiel auf, dass immer öfter Soldaten in neuen, noch unbehandelten Marschstiefeln herumliefen. Dann kam, was kommen sollte und musste. Ich war gerade in der Stadt unterwegs und befand mich am Alexanderplatz, als von Lautsprechern die bewusste Rede Hitlers angekündigt wurde. Die meisten Leute blieben stehen, ich natürlich ebenfalls. Angespannt hörten wir der Ansprache „des Führers“ zu. Nach viel Geschwafel über angebliche und vergebliche Verhandlungen mit Polen zur Danzig-Frage fiel der berüchtigte Satz: „Seit heute früh um 5.45 Uhr wird zurückgeschossen.“ Unsere Hoffnungen auf Frieden waren zerstört. Besorgt fragten wir uns, wie sich wohl Frankreich und England verhalten würden. Der Schrecken nahm nun seinen Lauf.

## Meine Wandlung

In dieser Anfangszeit des Krieges kam es zu einem mich fortan prägenden Ereignis. In unserer Verwandtschaft gab es einen Cousin meiner Mutter, Martin Weber, mit seiner lebhaften Ehefrau Emmi. Beide wohnten in Neukölln und besuchten uns ab und zu. Soweit ich mich erinnere, kamen sie zum ersten Mal zu uns, als ich gerade fünf Jahre alt war. Alle Verwandten wurden damals immer Onkel oder Tante genannt. Tante Emmi brachte mir, wie üblich, eine Tafel Schokolade mit, spielte und beschäftigte sich mit mir. Sie wurde meine Lieblingstante. Onkel Martin war von Beruf Gebrauchsgrafiker. Er stellte für etliche Berliner Kinos die Filmplakate her, die mit jeweils wechselnden Filmen an den Außenflächen der Kinos angebracht wurden. Das Atelier, in dem die Werbeplakate entworfen und angefertigt wurden, befand sich in Schöneberg, in einem ausgebauten Dachgeschoss der Belziger Straße. Sein Chef, der das Unternehmen führte, lebte mit seiner Familie in der dazugehörigen großen Wohnung. Da er Jude war, entschloss er sich im Jahre 1933, nach São Paulo in Brasilien auszuwandern. Er überließ meinem Onkel seine gesamte Habe mit Wohnung und Betrieb zu einem annehmbaren Freundschaftspreis. Fortan führte mein Onkel Martin den Betrieb mit einem Gesellen bis zu seiner Einberufung. Ich besuchte ihn recht oft und sehr gerne. Neben seiner beruflichen Arbeit betätigte er sich auch künstlerisch. Ich bewunderte seine vielen prächtigen Bilder, die er als Kunstmaler gefertigt hatte. In Gesprächen lernte ich von ihm viel über Kunst und Malerei. Er erklärte mir den von den Nazis wenig geliebten Impressionismus und Expressionismus, ebenso die sogenannte „entartete Kunst“. Im Laufe der Zeit entwickelte sich zwischen ihm, dem lebenserfahrenen Mann, und mir lernfähigem Jugendlichen ein freundschaftliches Verhältnis. Er war in jungen Jahren Mitglied bei den Pfadfindern gewesen, einer Organisation der Bündischen Jugend. Wir diskutierten viel über Völkerverständigung, Menschlichkeit, Pazifismus, die Schrecken des Krieges und die Tötung von Menschen. Er machte mir klar, dass jeder Mensch einfach ein Mensch ist, unabhängig von Aussehen, Rasse und Herkunft. Ich erfuhr durch ihn die menschenverachtenden Ideen des Faschismus und seine verbrecherischen Ziele. Er berichtete mir von grausamen Folterungen, mit denen man andersdenkende Menschen bestrafte. Das Thema „Euthanasie“

kam zur Sprache und die Schrecken des Krieges. Er erklärte mir, dass es im Film so einfach aussehe, wenn Bomben vom Flugzeug aus herunterfallen, die tödliche Wirkung auf Menschen bei ihrem Auftreffen am Boden aber nicht gezeigt werde. Ich war etwa 16 oder 17 Jahre alt, als ich die Ideen des Nationalsozialismus und ihre grauenhafte Realität so richtig realisierte. Die Sichtweise meines Onkelfreundes überzeugte mich Hitlerjungen, da ich immerhin noch ein christliches Empfinden hatte. So also wurde ich schließlich vom Saulus zum Paulus.

## Erste Kriegsjahre

Inzwischen hatte die Kriegsmaschinerie in voller Stärke eingesetzt. Das tägliche Leben wurde in seinen Funktionen massiv beeinflusst. Die Lebensmittel wurden rationiert, es gab Lebensmittelkarten. Verdunkelungsmaßnahmen waren angeordnet. Damit feindlichen Flugzeugen die Orientierung verwehrt wurde, durfte bei einsetzender Dunkelheit kein Lichtspalt zu sehen sein. Die Straßenbeleuchtung war ausgeschaltet, alle Verkehrsmittel, die Busse und Straßenbahnen, fuhren nur mit schwacher Notbeleuchtung, sämtliche Fenster mussten verdunkelt sein. Ich hatte an allen unseren Fenstern Rollos aus schwarzem Packpapier eingebaut, die sogar gut funktionierten. Polizei und Wachmannschaft kontrollierten die Maßnahmen gewissenhaft. Nachlässigkeit wurde nach erster Verwarnung streng bestraft. Für jedes Wohnhaus wurde ein Luftschutzwart eingesetzt. Die Hauskeller wurden durch bauliche Maßnahmen verstärkt und zu Luftschutzkellern umfunktioniert. Anfangs noch selten, später dann öfter gab es Fliegeralarm. Unter schrecklichem Sirenengeheul mussten wir den Luftschutzkeller aufsuchen. Das vorschriftmäßige Befolgen wurde genau kontrolliert. Heimlich beobachteten wir die Lichtkegel der Suchscheinwerfer und horchten auf das Geknatter der Flakgeschütze. Zum Glück kam es in der ersten Zeit nur selten zu Bombenabwürfen. Da die Fliegerangriffe zumeist nachts stattfanden, wurden wir immer aus dem tiefsten Schlaf gerissen und mussten dann ein bis zwei Stunden müde im Keller ausharren, bis die Sirenen Entwarnung meldeten und wir unseren Schlaf fortsetzen konnten. Diese nächtliche Störung hatte keinen Einfluss auf den normalen Schulbetrieb. Pünktlich mussten wir dennoch jeden Morgen zum Unterricht erscheinen.

Am Anfang wurden noch die Namen der Soldaten veröffentlicht, die im Heldentod „für Führer, Volk und Vaterland" gefallen waren; später wurde darauf verzichtet, es waren zu viele. Im Radio wurde täglich der Wehrmachtsbericht mit Beethoven- und Marschmusik bekannt gegeben und die Erfolge unserer siegreichen Truppen wurden verkündet. Ich hatte in der Küche eine große Landkarte an der Wand befestigt, um mit Nadeln den Frontverlauf zu markieren, zuerst für den Polenfeldzug, dann für den Krieg gegen Frankreich. Da waren die meisten noch stolz auf unsere siegreiche Wehrmacht.

Bei uns wurde das Geld langsam knapp und knapper, deshalb verdiente ich mir mein Taschengeld selbst, konnte damit sogar noch etwas zur Familienkasse beitragen. Ich half im Atelier meines Onkels Martin Weber aus und betätigte mich im Lieferdienst, denn die dort gefertigten Filmplakate mussten an die Kinos ausgeliefert werden. Zweimal in der Woche wurden die Filme und damit auch die Plakate gewechselt. Auf Bahnen von Packpapier wurden die Köpfe der Schauspieler farblich mit einer Spritzpistole aufgesprüht und die Filmtitel mit dem Pinsel aufgemalt. Ich war jedes Mal erstaunt über die Maltechnik meines Onkels, wie er in kurzer Zeit derart kunstvolle Plakate anfertigte. Annähernd ähnlich nennt man dieses Verfahren heute Graffitikunst. Die fertigen Plakate wurden zusammengerollt und mussten dann an die verschiedenen Berliner Kinos ausgeliefert werden. Diese Aufgabe hatte ich übernommen. Da die aufwendigen Arbeiten immer erst am Abend fertiggestellt waren, musste ich weite Strecken bei Dunkelheit mit dem Bus oder der Straßenbahn zurücklegen, kam dann meistens erst gegen 23.00 Uhr nach Hause. Müde suchte ich das Bett auf, die notwendigen Schularbeiten mussten warten. Sie wurden mithilfe meiner Mitschüler in den Pausen erledigt. Oft bekam ich von den wartenden Kinobesitzern eine Kinokarte geschenkt. Mein Bedarf an Filmbesuchen wurde dadurch ausreichend gedeckt. Ich nutzte es auch weidlich aus. Diese meine Arbeitsmöglichkeit endete im Herbst 1940, als mein Onkel zum Wehrdienst eingezogen wurde.

Zum Glück tat sich mir nun eine andere Verdienstquelle auf. Am staatlichen Schauspielhaus am Gendarmenmarkt wurden Statisten gesucht. Diese Gelegenheit nutzte ich und bewarb mich erfolgreich beim zuständigen Inspizienten; es war eine einträgliche Beschäftigung. Ich konnte mir von dem Geld meine Kleidung selbst kaufen und dazu noch die knappe Familienkasse unterstützen. Darüber werde ich später unter dem Kapitel „Schule/Primaner“ ausführlicher berichten.

# Unbeschwerte Schulzeit

## Die Schule

Dunkel erinnere ich mich noch – oh, wie lange ist das jetzt schon her? – anno 1934 – da kam ich auf das Gymnasium. Das Staatliche Luisen- und Realgymnasium war es, im tiefsten Moabit gelegen, Turmstraße Ecke Wilsnacker Straße. Bei der Umschulung wurde uns eröffnet, dass wir von nun an die „Herren Schüler" seien, keiner körperlichen Züchtigung mehr ausgesetzt, wie noch auf der Volksschule, aber jeden Monat 25 Reichsmark Schulgeld zu löhnen hatten. Weil mein Vater arbeitslos war, wurde mir die Gebühr allerdings erlassen. Und richtige Schülermützen hatten wir, ordentlich schicke sogar, aber die wurden dann bald verboten. Unser Direktor, Direx genannt, war ein jovialer, demokratisch und humanistisch gebildeter Herr namens Trantow, dem NS-System nicht sonderlich geneigt und dieses folglich auch ihm nicht. So verschwand er eines Tages unauffällig – sang- und klanglos – von der Bildfläche, wie es damals so üblich war. Erst viel später, nach dem Kriege, hörte man den Namen öfter im Rundfunk bei der Sendung „Jugend musiziert". Doch das war nur sein Sohn Rüdiger. Sein Nachfolger an der Schule war ein forscher Parteigenosse namens Schwarz, der dann auch die von oben gewünschte Zucht und Ordnung in die Schule brachte.

Die Jahre gingen dahin – Sexta, Quinta, Quarta. Dann wurde unsere Klasse aufgeteilt. Die einen kamen ins Realgymnasium, die anderen ins humanistische Gymnasium. Ich gehörte der letztgenannten Kategorie an. Dort lernten wir außer Latein und Französisch auch noch das Altgriechische, später kam dann noch ein wenig Englisch hinzu.

Untertertia, Obertertia, da bekamen wir Zuwachs. Das Canisius-Gymnasium, eine katholisch beeinflusste Schulanstalt, war den Nazis nicht geheuer. Sie wurde aufgelöst und wir bekamen einige Schüler zusätzlich in unsere Klasse. In der Untersekunda bekamen wir dann auch noch Krieg. Im September begann er, zunächst siegreich und glorreich. So manche Schulstunde fiel triumphalen Siegesfeiern zum Opfer. Etwas später waren es dann weniger erfreuliche Gründe. Sirenengeheul meldete erste, zaghaft vorgedrungene Feindflugzeuge. Allmählich aber gewöhnten wir uns an den nächtlichen Gang in den Luftschutzkeller, der Unterricht nahm aber dennoch seinen gewohnten Lauf. Zur Abwechslung wurden wir auch für Altmetall-, Altpapier- und Winterhilfssammlungen eingesetzt, der Kohlenklau ging um und „Pst! Der Feind hört mit!“ war allgegenwärtig.

Dann kamen schließlich Obersekunda und Prima – doch halt – nun hieß es ja bereits 7. und 8. Klasse, denn Umwandlungen waren an der Tagesordnung. So mussten wir in Latein mehrfach umlernen. Das „C“, zunächst als „Z“ ausgesprochen, dann als „K“ (Käsar ging in den Kirkus!), dann wieder als „Z“. Selbst an der Schrift wurde oftmals gedreht: Nach der Sütterlinschrift lernten wir die lateinische, dann war die deutsche Schrift an der Reihe und letztlich wieder die lateinische. Ein spätes Opfer dieser dauernden Umstellungen wurde Freund Otto Lex. Er schaffte nicht mehr den Sprung zurück und schreibt heute noch, sogar in seiner Eigenschaft als Lehrer, in einer fürchterlichen, steilen altdeutschen Schrift, die kaum jemand zu entziffern vermag. Auf diese raffinierte Art und Weise gelingt es ihm nun des Öfteren, den größten Blödsinn zu schreiben, ohne dass es jemand merkt.

Zur Schulordnung gehörte es, dass wir aufzustehen hatten, wenn ein Lehrer die Klasse betrat. Er hatte uns mit dem sogenannten „Deutschen Gruß" zu begrüßen, den wir erwidern mussten. Einige erhoben mit einem deutlichen „Heil Hitler" ihren rechten Arm. Bei anderen jedoch kam nur ein schwaches „Heilter" heraus, dabei der Arm leicht gebeugt. Die waren sicherlich nicht ganz linientreu; uns war das egal. Das andauernde „Heil" war uns sowieso zu viel. Wir mussten jeder Lehrkraft, die wir trafen, mit erhobenem rechtem Arm Respekt zollen, auch außerhalb der Schule. Einmal wartete ich eine ganze Weile an einer Haltestelle auf den Bus, in einiger Entfernung ein Lehrer ebenfalls. Ich schlenderte gelangweilt hin und her, sah den Lehrer und grüßte pflichtbewusst mit erhobenem Arm, bei einem erneuten Vorbeilaufen vernünftigerweise nicht mehr. Einmal ist schließlich genug. Da winkte er mich zu sich heran, tadelte mich, ich hätte ihn jedes Mal zu grüßen. Also ging ich wie eine Panoptikumpuppe immer armenschwenkend an ihm vorbei. So idiotisch war das. Am nächsten Tag hatten wir bei ihm Unterricht. Natürlich bekam ich gleich eine Frage, die ich nicht beantworten konnte, und eine dicke Fünf. In den Pausen mussten wir unter Lehreraufsicht auf dem Schulhof gesittet im Kreis herumlaufen. Es reichte aber dennoch für gegenseitiges Helfen bei der Erledigung von Hausaufgaben.

## Die Schüler

Zeitsprung zurück in die Sexta: Da gab es zunächst zwei Klassen, die 6a und die 6b. Ich kam in die 6b. In der Quinta wurden beide Klassen zusammengelegt. Unter den Schülern, die nun zu uns kamen, befand sich auch ein relativ großer, schlaksiger Junge mit langer Nase, energischem Kinn, zerknautschter Hose und zerknittertem Hemd. Und ganz merkwürdig sprach der, mit Deutsch schien das kaum etwas zu tun zu haben. Allmählich sickerte bei uns durch, dass dies Bayerisch war und das Land ganz tief im Süden Deutschlands, in den Dinarischen Alpen, lag. Sein Vater, Ritter von Lex, sei irgend so ein hohes Tier beim Reichssportführer und -kommissar, dem Herrn Hans von Tschammer und Osten. Wir nahmen dies zur Kenntnis und integrierten ihn in unsere Gemeinschaft, da er ja auch sonst ganz passabel zu sein schien. Schon damals zeichneten ihn eine lässige Behäbigkeit und ein humoriges Wesen als bajuwarisches Urviech aus. Nur manchmal ging bayerisches Temperament mit ihm durch; Jähzorn überkam ihn dann und seine Schulmappe wirbelte durch die Gegend. In sprachlicher Konkurrenz stand er mit Achim Heby, einem sächsischen Importprodukt. Beide gaben der deutschen Sprache, besonders jedoch dem Französischen und Englischen, ihre spezifisch eigenartige Klangfärbung. Ottos Stammplatz war unumstritten in der letzten Bankreihe, die er mit Fritz Schulze teilte.

Wenn ich nun versuche, in Gedanken die einzelnen Bankreihen zu durchforsten, fallen mir viele Namen wieder ein. Klaus Mäcker, unser Primus, von Koester, der Admiralssohn, von Schell, der Generalssohn, Jupp Runge, Fritz Schlegel, Lenhard, der Geschichtenerzähler, Faust, Friede, Diedrich, Decken, der Lackfabrikant, Mosakowski, von Ostrowski, Ruf, Sewczyk, Köpenick, Mäder, der Dribbelkönig, Elze, Engelbrecht, Dienstbach,

Pilum, der Speer, später dann Heimann, Hilgert, Werhahn vom Bolle-Imperium und Rainer Barzel, der spätere Kanzlerkandidat. Last, but not least diejenigen, die auch nach dem Krieg die Fahne der Achtklässler hochhielten: Horst Gollmann, der Steuereintreiber, Werner Hoppe, der Schulrektor, Uli Gärtner, der Kuki-Rauputz-Amerikaner, Jürgen von Schultz, der Bücherwurm, Horst Gruhl, der Trompeter, Winfried Schmidt, der Fachschulpauker, Heinz Fehlau, der IBM-Vertreter, der leider viel zu früh verstarb, Achim Heby, der Textilingenieur aus Sachsen, und Otto Lex, der CSU-Bayer.

Ich war bestrebt, bei Klassenwechseln immer die letzte Reihe zu erobern. Dort hatte ich meine Ruhe, hatte die Möglichkeit, mich den Blicken der Lehrkräfte unauffällig zu entziehen. Die Möglichkeiten des Vorsagens oder des Abschreibens waren dort etwas einfacher. Meine Bankvorderleute waren Heribert Wehrhahn und Rainer Barzel. Beide waren mir besonders für das Griechische wichtig, denn sie hatten in diesem Fach hervorragende Kenntnisse durch ihre bessere Ausbildung im Canisium-Stift.

Es war damals gar nicht so einfach, in unserer Klasse anerkannt zu werden, zumal ein ausgesprochener Rabauke bei uns den Ton angab. Heinz Stickel hieß er. Sein Vater war Chefarzt im Virchow-Krankenhaus, hatte aber scheinbar wenig Zeit für die Erziehung seines Sprösslings. Darunter hatten einige von uns zu leiden, so auch sein Banknachbar Fritz Schlegel. Besonders hatte er es jedoch auf Joachim von Rakowski abgesehen, der ein etwas eigenwilliger, jähzorniger Schüler war, Sohn eines Generalobersten. Prinzipiell verschwand auf unerklärliche Weise immer seine Schulmappe. Das wurde zu unser aller Gaudi von ihm mit cholerischem Geschrei quittiert, was wiederum den Verlust seiner Brille zur Folge hatte. Heute würde man diese Aktion als Mobbing bezeichnen. Im Großen und Ganzen hielt die Klasse jedoch zusammen, besonders wenn irgendein Streich gegen einen Lehrer geplant wurde. Das kam schließlich häufiger vor.

Viele von uns sind inzwischen von uns gegangen, die Reihen haben sich stark gelichtet, aber ein paar wenige Grau- oder Kahlköpfige, Zahnlose und Humpelnde schwärmen noch immer von der Pennälerzeit damals auf dem Staatlichen Luisengymnasium und überliefern ihren Kindern, Enkeln und Urenkeln lausbübische Geschichten. Selbst wenn uns die Nazis die Jugend geklaut haben, die schönen Erinnerungen an unsere Schulzeit können sie uns nicht nehmen.

## Die Lehrer

Eine Vielzahl von Lehrern hatte in der Zeit des Luisengymnasiums mit uns zu tun. Es gab gute und schlechte, ernste und fröhliche; es gab solche, die uns etwas beibrachten, und natürlich auch solche, die unter uns zu leiden hatten. Studienrat Menzel beispielsweise, bei dem wir Biologie und Chemie lernen sollten. Er merkte es immer erst spät, wenn er von uns hochgenommen wurde. Gleichfalls ein Studienrat Cohnen, der uns kurzzeitig in Erdkunde unterrichtete, aber bald genervt unsere Klasse und schließlich sogar die Schule verließ. Latein gab es zeitweise bei Studienrat Meyer, einem begeisterten Teilnehmer des Ersten Weltkrieges. Wir mühten uns bei ihm mit der Übersetzung von Caesars „De bello Gallico“ ab. Da war es ein Leichtes, nach spätestens zehn Minuten die Frage zu stellen: „Die römischen Legionen waren ja damals nur mit Schwertern und Lanzen bewaffnet, wie war das eigentlich im Weltkrieg?“ Von nun an war sein Redefluss nicht mehr zu bremsen, bis die Pausenglocke das Ende der Stunde anzeigte und wir gerettet waren.

Dann gab es die strengen Lehrer, bei denen wir selten, meistens jedoch vergeblich den Versuch unternahmen, einen Schülerstreich zu landen. Sie verstanden es, unsere Lernfähigkeit mit gedämpft drastischen Methoden zu aktivieren: Studienrat Krause fragte in Latein zu Beginn Vokabeln ab. Bei Nichtwissen hieß es: „Drei Mal a verbo, schriftlich zu Hause!“ Studienrat Pfeil legte in Geschichte penibel Wert auf Geschichtszahlen und Satzzeichen. Bei Verfehlungen stellte er zur Wahl: „Nachsitzen oder Knallschote?“ Fast jeder wählte Letzteres. Studienrat Dominik hatte es mit „Heil Hitler“. Er achtete genau auf eine zackige Haltung bei jedem „Deutschen Gruß“.

Ach ja, die Liebenswerten: Sie waren zufrieden, wenn wir sie in Ruhe ließen, sie ließen deshalb auch uns in Ruhe. Bei ihnen durften wir fast alles machen, was wir wollten: zuhören, dumme Fragen stellen, dösen, Hausaufgaben machen, und wenn wir gerade Lust hatten, auch mal etwas lernen. Auf die Zensur hatte das alles kaum Einfluss. Man mogelte sich so durch, meist auch durch gekonntes Vorsagen oder durch Abschreiben. Zu diesen Lehrern gehörten: Eggerding (Exe), Morgenstern (Moschi), Siefert und Zillich (Zinke). Bei ihnen hatte ich sozusagen ein Stein im Brett. Die Schule bekam bisweilen von einigen Theatern für einzelne Vorstellungen Freikarten angeboten. Da ich vom Schulgeld befreit war, erhielt ich ab und zu von ihnen eine Freikarte für eine Theateraufführung. Auf diese Weise lernte ich die verschiedensten klassischen Theaterstücke kennen, meist jedoch vom dritten Rang aus. Dann gab es noch einen verkappten Schriftsteller, Studienrat Temborius (Tempo). Er las uns lieber aus seinen selbst verfassten

Geschichten vor und vergaß dabei den Unterricht in Französisch. Ein paar Indifferente hatten wir auch noch, mit denen wussten wir jedoch nicht so recht etwas anzufangen: Burmeister, Künstler, Holzer, Weigt.

Schließlich gab es aber auch gute Lehrer, denen wir hauptsächlich unsere mehr oder minder gute Allgemeinbildung zu verdanken hatten. Liehrmann beispielsweise verstand es, logisch, anschaulich und fesselnd zugleich Geschichtszusammenhänge zu verdeutlichen, wenn auch – der damaligen Zeit angepasst – ein Tüpfelchen braun gefärbt.

In erster Linie gehörte zu ihnen unser allseits verehrter Klassenlehrer Kirschstein, der uns durch die letzten Schuljahre begleitete. Er unterrichtete uns in Deutsch und Latein. Er prägte den Begriff des Achtklässlers, der uns noch bis in die heutige Zeit anhaftet. Unter seiner Anleitung lernten wir, die klassische und die moderne Literatur zu erkunden, zu verstehen und zu lieben. Manchmal fiel es uns allerdings schwer, einzelne Theaterstücke von Schiller, Shakespeare oder einem anderen Klassiker in wenigen Tagen als Hausaufgabe zu lesen, um über den Inhalt im Unterricht zu diskutieren. Unseren Protest, dass wir noch so viele Übungen in Latein und Mathe aufhätten, nutzte bei ihm nichts. Auch Gedichte mussten wir lernen und aufsagen. Schillers „Glocke" lernten wir in Gänze, indem jedem Einzelnen von uns ein Abschnitt zugeteilt wurde, den er zum Stundenbeginn aufsagen musste. In der nächsten Stunde war dann das nächste Teilstück dran. So hörten wir in jedem Unterricht das gesamte Gedicht und behielten es allmählich im Gedächtnis. Studienrat Kirschstein war der einzige Lehrer, zu dem wir auch nach dem Krieg noch Kontakt pflegten. Wir Übriggebliebene, die in Berlin wohnten, trafen uns mit ihm noch oft und regelmäßig bis zu seinem Tode.

In der NS-Zeit waren Leibesübungen vorrangig. Sie wurden, wo es nur ging, gefördert. Auf dem Schulhof war die weniger geliebte Gymnastik angesetzt, in der Turnhalle übten wir uns im Geräteturnen, zur Leichtathletik gingen wir zum nahen Sportplatz. Einmal jede Woche wurde der Nachmittag zum Fußballspielen genutzt. Dafür stand uns ein Schotterplatz im Kasernengelände zur Verfügung. Da war es dann unvermeidlich, dass wir oft mit verschrammten Knien nach Hause kamen. Unsere Sportlehrer – in Erinnerung sind mir Hennig, Podgurski, Klippel und Barzel (Rainers Vater) – wurden mit Kriegsbeginn immer älter. Dafür übernahm dann die HJ immer mehr die sportliche und vormilitärische Ausbildung. Wettkämpfe und Sportfestspiele waren an der Tagesordnung. Wir mussten ja im „Deutschen Jungvolk“, später dann in der „Hitlerjugend“ sein, das war obligatorisch.

## Die Musen

Unser Luisengymnasium war der Kunst und den musischen Fächern gegenüber sehr aufgeschlossen. Wir hatten eine sehr schöne, stuckverzierte Aula, in der Feiern und Festveranstaltungen durch künstlerische Beiträge angereichert wurden, die aus schuleigener Produktion stammten. Unter der Leitung von Studienrat Oskar Werner fanden allseits hochgelobte Theateraufführungen statt, mit Blitz und Wotans Donner, mit Eulen und Meerkatzen und mit Märchenspielen.

Natürlich hatte unser Gymnasium auch einen Schulchor, dem anzugehören ich die Ehre hatte, kurzzeitig unterbrochen durch pubertätsbedingten Stimmbruch. Unter der Leitung unseres engagierten Musiklehrers Hornschuh lernten wir viele volksverbundene Lieder kennen und übten mehrstimmig zu singen. Eine Stimme fiel allerdings durch ihren schrecklichen Missklang aus der Rolle, nämlich die unseres bajuwarisch brummenden Otto. Prompt wurde er aus der Sangesgemeinschaft verbannt und bekam damit auch keine Zwei in Musik, wie wir Sänger. Für besonders begabte und musikalisch gebildete Schüler gab es auch ein Schulorchester und eine Eins als Zensur. Mit allen nur denkbaren Streich- und Blasinstrumenten war das schon eine Klasse für sich. Unter der Leitung von Studienrat Hornschuh wurde mit Begeisterung klassische Musik geprobt und gespielt. Diesem Orchester gehörten unser Primus Klaus Maecker und unser Trompeter Horst Gruhl an. Nach Kriegsausbruch wich die musische Betätigung immer mehr der vaterländischen. Dem Zug der Zeit folgend, wurde ein Spielmannszug mit Querflötenspiel und Trommelwirbel gegründet. Der obligatorische Fanfarenzug durfte ebenfalls nicht fehlen. Das war's dann auch.

Ganz besonders stolz war unser Gymnasium jedoch auf seine Orgel, und das zu Recht. Es war mit Sicherheit eine einmalige Rarität in deutschen Schulen. Der Einzige, der darauf richtig spielen konnte, war natürlich Studienrat Hornschuh. Insgeheim war er dem NS-Regime nicht sonderlich geneigt. Bei offiziellen Anlässen ließ er sich dann schon mal vertreten, und zwar von unserem zackigen, hundertfünfzigprozentigen Braunhemd-PG Dominick. Der durfte dann zum Abschluss einer Veranstaltung kraftvoll das obligatorische Deutschlandlied, erste Strophe, spielen mit angefügtem Horst-Wessel-Lied. Dabei achtete er mit einem Seitenblick stets darauf, dass in strammer Haltung auch ja alle rechten Arme in die Höhe gingen.

Wir Schüler fühlten uns mit fortschreitendem Alter allerdings immer mehr zu dem damals verpönten und natürlich auch verbotenen Jazz hingezogen. So machten Schellackplatten mit „Tiger Rag“, „Jeepers Creepers“ und „In the Mood“ die Runde. Für uns war das „Uhland Eck“ am Ku’damm, Ecke Uhlandstaße, ein beliebter abendlicher Treffpunkt, den wir regelmäßig aufsuchten. Dort, in der ersten Etage, spielte nämlich die Kapelle „Lubo d’Orio“ die „verhasste Niggermusik“. Wir hörten uns begeistert den Jazz an und bewegten uns entsprechend rhythmisch, denn Tanzen war kriegsbedingt verboten. Als italienische Band – und somit einer befreundeten Nation angehörend – wurde sie von der NS-Führung geduldet und ihre Musikauswahl nicht beeinflusst.

Wesentlich lässiger ging es bei dem Fach „Bildende Kunst“ zu. Es hieß ja schlicht auch nur „Zeichenstunde“. Bei Studienrat Brockmüller durfte jeder machen, was er wollte. Die wenigsten produzierten etwas auf dem Zeichenblock, meist auch mangels Begabung. Stattdessen wurde gelesen, gestört oder es wurden Hausaufgaben gemacht.

## Die Primaner

In der Untertertia wurden wir bereits mit „Sie“ angesprochen. Da wir nun auf den Schulabschluss zusteuerten, fühlten wir uns mehr und mehr erwachsen, auch wenn wir es noch nicht waren. So kam es, dass wir auf dem Heimweg immer öfter in einer Eisdiele Station machten. Natürlich erprobten wir dort die ersten Zigaretten. Am billigsten waren die „Schwarz-Weiß“, vier Stück für einen Groschen. Wir jedoch bevorzugten schon die gehobene Klasse der Marke „Jonny“. Ehre, wem Ehre gebührt.

Doch dann kam die herrliche Zeit des Theaters, die ich nicht missen möchte. Durch einen etwas seltsamen Mitschüler, der kurzfristig zu uns gestoßen war, erfuhren wir, dass am staatlichen Schauspielhaus am Gendarmenmarkt Statisten gesucht würden. Wir meldeten uns beim zuständigen Inspizienten und wurden mit Freuden angenommen. Aufgrund des Krieges wurden nämlich die meisten Berufsstatisten für militärische Aufgaben einbehalten. Unsere Theatergruppe bestand aus: Heinz Fehlau, Achim Heby, Klaus Maecker und Jürgen von Schultz. Ich selbst gehörte fast schon zum Ensemble. Ab und an konnten wir noch den einen oder anderen aus unserer Klasse hinzuziehen. Einer von uns sah sich unsere Auftritte allerdings nur vom Zuschauerraum aus an, Otto Lex, denn er war ein begeisterter Theatergänger. Für die Proben am Vormittag musste so manche Schulstunde geschwänzt und so manche Ausrede erfunden werden. Die Vorstellungen fanden dann am Abend statt. Von der Garderobiere wurden wir schick kostümiert und in der Maske mit Schminke beschmiert. Der Maskenbildner versäumte nicht, uns die neuesten Witze zu erzählen. Gemeinsam mit den damaligen Schauspielgrößen wie Gustaf Gründgens, Werner Krauß, Gustav Knuth, Paul Hartmann, Käthe Gold, Maria Koppenhöfer oder Antje Weisgerber durften wir auf der Bühne stehen. Unvergessen auch Bernhard Minetti, stets von edler Würde. Gerne erinnere ich mich noch an die hervorragenden Schauspielaufführungen, bei denen ich als kleiner Statist dabei sein durfte: „Maria Stuart“, Wallensteins „Lager“, „Turandot“, „Julius Caesar“ oder „Faust“. Die berühmte Grabrede des Mark Anton in Shakespeares „Julius Caesar“ „Mitbürger, Freunde, Römer, hört mich an, begraben will ich Caesar, nicht ihn preisen ...“ konnten wir bald in- und auswendig. Ich war als ehrenwerter römischer Senator angekleidet und hatte in dem Stück mehrere Auftritte. Wir fuhren meistens mit dem Bus zum Theater und es kam auch schon mal vor, dass Gustav Knuth im Obergeschoss des Busses in der ersten Reihe saß und mit uns diskutierte, ob und wie sein gestriger Auftritt war. Die auftrittsfreie Zeit verbrachten wir in der Kantine des Theaters und lernten dort das Biertrinken. Die Bezahlung, um nicht „Gage“ zu sagen, richtete sich nach der Zahl unserer Auftritte. Mit Proben am Vormittag und zwei, drei Auftritten am Abend kam ein hübsches Sümmchen zusammen, das ich dem dürftigen Haushalt beisteuern konnte.

Und noch etwas erlernte ich in den Auftrittspausen, nämlich das Skatspiel. Ich konnte es dann in der Schule während des Unterrichts unter der Bank vervollkommnen. Das hat mir später im Leben sehr geholfen. Ich spielte es bei jeder sich bietenden Gelegenheit, fand fast immer Mitspieler und lernte dabei interessante Leute kennen. Unter den Bänken spielte sich überhaupt so einiges ab. Die Schummelzettel entwickelten ein emsiges Wanderleben und für die Latein-Übersetzungen wurde die von den Lehrern so gehasste „Klatsche“ (oh, was für ein Deutsch!) bevorzugt. Wir konnten sie in unserem Buchgeschäft ohne Weiteres kaufen.

Der Krieg zwang uns auch zu ungewöhnlichen Aufgaben. So mussten wir als Achtklässler abwechselnd Brandwache halten und auf einem Feldbett im Schulgebäude nächtigen. Als ich an der Reihe war, bekam ich zu später Stunde Besuch von ein paar alkoholisierten Mitschülern, die turngewandt das im ersten Stock gelegene Wachzimmer erklommen, bewaffnet mit einer Flasche Schnaps. Der gelungene Spaß wurde gebührend und flüsternd gefeiert, aber dennoch von der im Nebenzimmer schlafenden Lehrkraft bemerkt, mit dem Resultat, dass unsere Klasse für unwürdig befunden wurde, eine derart kriegswichtige Aufgabe in der Folgezeit übernehmen zu dürfen.

## Die Abschlussfeier

Der Krieg war allmählich in seine entscheidende Phase eingetreten. Der Russlandfeldzug hatte begonnen. Die ersten Kriegsfreiwilligen verließen unsere Klasse, Heinz Stickel zuerst und etwas später auch Rainer Barzel. Wir waren also alt genug, ein richtig tolles Fest zu feiern.

Räume standen uns in der großen Alt-Berliner Wohnung unseres Mitschülers Heinz Fehlau zur Verfügung. Die Mitbewohner hatten uns großzügig die Räume überlassen. Nun waren wir damals eine reine Jungenschule, gemischte Klassen wie heute gab es noch nicht. So übernahmen die Mutigsten von uns die Aufgabe, das benachbarte, in der Wilsnacker Straße gelegene Dorotheen-Lyzeum aufzusuchen, um dort die für derartige Veranstaltungen notwendige, weibliche Ergänzung anzuwerben. Dank einiger früher geknüpfter Verbindungen gelang das problemlos. Jeder Teilnehmer bekam nun ein entsprechendes feminines Pendant zugeteilt. Für Otto Lex wurde eine gewisse Lisa auserkoren, die mit ihm allerdings nur wenig anfangen konnte, da er frühzeitig, vom Teufel Alkohol überwältigt, die Horizontale auf der Couch aufgesucht hatte. Wir Übrigen jedoch ließen es krachen, bis die Morgendämmerung die fröhliche Party beendete.

Auf dieser Abschlussfeier ereignete es sich, dass Otto, noch in frühem nüchternem Zustand, andeutungsweise ein paar vorsichtige Bemerkungen machte, die darauf schließen ließen, dass er mit dem NS-Regime zumindest nicht einer Meinung war. Das war zu damaliger Zeit bereits eine mutige Äußerung, selbst unter Schülern. Denn leicht konnte man wegen solch unbedachter Worte als Volksfeind in die Hände der Gestapo gelangen. Der Propagandaspruch „Vorsicht! Feind hört mit!“ war auch darauf anwendbar. Mich jedoch ließen seine Worte aufhorchen. Ein paar

Tage später sprach ich ihn darauf an. Dabei stellte sich heraus – zuerst nur zögernd, dann jedoch immer freier –, dass wir beide keine Freunde des Regimes waren. Und das war dann – frei nach dem Film „Casablanca“ – der Beginn unserer lange währenden Freundschaft.

# Russlandfeldzug

## Die Rekrutenausbildung

Wir beendeten unsere Schulzeit vorzeitig. Alle schriftlichen Prüfungen hatten wir geschafft, aber ein paar mündliche Prüfungen standen noch aus. Einige von uns hatten bereits die Schule verlassen, um „dem Vaterland zu dienen“. Wir taten nun ein Gleiches, verabschiedeten uns mit dem sogenannten Notabitur und bekamen unser Reifezeugnis ausgehändigt. Auf Anraten von Vater Lex meldeten wir uns wenige Monate vor einer Zwangsrekrutierung freiwillig zum Wehrdienst, denn eine solche stand mit Sicherheit kurzzeitig bevor. Wir taten es jedoch nicht, um die hochtourige Kriegsmaschinerie zu füttern, sondern um den Vorteil zu nutzen, dadurch Standort und Waffengattung selbst bestimmen zu können. Denn wir wollten keinesfalls bei der Infanterie den Heldentod sterben und wählten stattdessen den Nachrichtendienst.

Am 14. Februar 1942 marschierten wir beide, Otto Lex und ich, jeder einen Pappkarton in der Hand, durch das Haupttor der Nachrichtenkaserne in Potsdam-Nedlitz. Dort kamen wir dann eine ganze Weile nicht mehr heraus. Wir schafften es, auf dieselbe Stube gelegt zu werden, sogar zusammen mit unserem Mitschüler von Rakowski. Stubenältester war Stabsgefreiter Hütter, der uns in die Betten- und Spindordnung einweihte. Ich bekam meinen Platz in der oberen Etage eines Doppelbettes, den ich mit Bettzeug und Wolldecke pfleglich zu behandeln hatte. In einem Unterrichtsraum wurden wir in eine Fernsprech-

und eine Funkabteilung eingeteilt. Nach bestandenem Hörtest erhielt ich meinen Befähigungsnachweis für eine Ausbildung zum Funker.

Der Gefreite Scholz brachte uns das Morsen bei und Unteroffizier (Uffz.) Tornow laut schreiend in rauem Militärjargon das Exerzieren. Der übliche Kasernendrill mit ständigem Aufstehen und Hinlegen war an der Tagesordnung. Die sogenannten „Ehestandsübungen" wurden aus jedem nichtigen Anlass abgefordert. Nach Feldübungen im Gelände hatte der Einmarsch in die Kaserne zackig mit einem Lied auf den Lippen zu erfolgen. Ein, zwei, drei oder vier Lieder wurden gesungen, wie zum Beispiel: „Es zittern die morschen Knochen der Welt vor dem großen Krieg ..." und andere mehr. Wachtmeister Wahl probte mit Zynismus stundenlangen „Maskenball" mit uns, mit nächtlichem Wecken und Antreten in ständig wechselnden Uniformen. Damit verstärkte er meinen Hass auf alles Militärische. Das erinnert mich an ein prägendes Ereignis. Wir saßen gerade beim Waffenreinigen auf der Stube, als uns unser Leutnant plötzlich plaudernd besuchte. Er erzählte uns alles Mögliche über seine militärische Laufbahn. Dabei prophezeite er uns, dass wir mit Sicherheit allmählich und unbemerkt alles Zivile ablegen würden, um es durch rein militärisches Denken zu ersetzen. Er hatte auf erschreckende Weise völlig recht, es war tatsächlich so. Ich musste feststellen, dass auch bei mir im Laufe der Zeit eine derartige Gehirnwäsche gelungen war. Ich dachte nur noch als Soldat, ob ich es wollte oder nicht.

In der Anfangszeit durften wir nur gemeinsam mit einem Chargierten die Kaserne verlassen und dabei die ungeliebte sogenannte „Papageienuniform" tragen. Erst nach der Vereidigung war es uns erlaubt, genehmigte Freizeit in Potsdam oder Berlin zu verbringen und somit auch unsere Eltern zu besuchen. Wer bei den häufigen Stuben-, Kleider- und Gewehrappellen auffiel, bekam keinen Ausgang. Besuche von Angehörigen waren am Sonntagnachmittag jedoch erlaubt. Bei solchen Gelegenheiten lernte ich auch die Eltern von Otto Lex kennen. Die wenige Freizeit, die wir als Rekruten hatten, verbrachten wir immer gemeinsam in der Kantine. Dort diskutierte ich viel mit meinem Freund Otto, meistens politisch. Dabei beschäftigten wir uns, so seltsam das auch klingen mag, bereits frühzeitig mit einer möglichen demokratischen Verfassung für die „Zeit danach“ und diskutierten schon verschiedene Möglichkeiten. (Vater Lex hatte dabei sicherlich Pate gestanden.)

Bei einem Stubenappell fiel ich durch Staubkrümel am Bettgestell auf und bekam deshalb keinen Ausgang, musste also am Wochenende in der Kaserne Wachdienst schieben, dieses Mal sogar zu meinem Glück. Ich wurde zu Wachtmeister Wahl abkommandiert und sollte seine Strümpfe waschen. Da fragte er mich nebenbei, ob ich Lust hätte, einmal nach Frankreich zu fahren. Verdutzt und überrascht bejahte ich seine Frage. Für einen Materialtransport wurde nämlich eine Begleitmannschaft benötigt, um den Zug auf seiner Fahrt zu kontrollieren und zu sichern. Gemeinsam mit einem Uffz. bestieg ich den Zug, war begeistert und genoss die Fahrt durch eine mir noch unbekannte Landschaft. In Paris hatten wir einen längeren Zwischenaufenthalt. Dort kaufte ich mir eine Flasche Sekt und wunderte mich über die dortigen Toiletten; es gab keinen Klositz wie bei uns zu Hause, sondern nur ein damals dort übliches Loch im Fußboden. Ziel unserer Fahrt war das Städtchen Rouen in der Normandie, an der Seine gelegen. Dort konnte ich für einige Tage das sorglose Leben der Besatzungstruppen in Frankreich genießen, erfreute mich am guten Essen, am süffigen Wein und an einem Aufenthalt ohne Vorgesetzte. Ich schlenderte neugierig in der Ortschaft herum und verlor die Orientierung. Ahnungslos wollte ich eine junge Frau nach dem Weg fragen. Stolz schweigend ließ sie mich „Besatzer“ links liegen. Da erst wurde ich mir meiner Rolle bewusst. Nach wenigen Tagen war unser Auftrag beendet und wir mussten wieder zurück in unsere Kaserne.

Unsere Ausbildung war nach vier Monaten abgeschlossen. Nun waren wir keine Rekruten mehr, sondern Funker. Im Sommer 1942 wurden wir in eine andere Kaserne verlegt und jahrgangsmäßig in zwei Gruppen eingeteilt, denn es sollte nun an die Front gehen. Mein Freund Otto wurde für tropentauglich befunden und nach Afrika geschickt. Mich haben sie dann nach Russland zur 168. Infanteriedivision verfrachtet. Ich war davon überhaupt nicht begeistert.

## Abmarsch gen Ost

Sommer 1942: Potsdam-Nedlitz, Alte Infanteriekaserne. Wir sind feldmarschmäßig angetreten. Abmarsch zum Bahnhof. Der Zug kommt. Kompanie einsteigen. Kein Abschied von Angehörigen, kein Winken, freudlose Leere. Der Zug fährt ab, rattert ins Ungewisse, ostwärts, Polen, weiter, weiter, immer ostwärts, unendliche Weite, Russland!!

Nach tagelanger Fahrt durch die Fremde hielt der Zug, wir stiegen aus, die Stadt, so glaube ich, hieß Rowno. Wir befanden uns auf einer waldigen Anhöhe und blickten auf eine Siedlung vieler, kleiner Häuser, Lehmhäuser meist – das soll eine Stadt sein?! Für mich merkwürdig. Unser Truppenführer, Uffz. Scholz, erklärte mir dann, dass eine dünne Besiedlung doch vorteilhaft sei. Aha, wieder etwas gelernt. Wir, etwa 200 junge Soldaten, Neulinge, verteilten uns in der Gegend. Eine kleine Waldquelle sprudelte vor sich hin und veranlasste mich, meinen Durst zu stillen. Da ertönte plötzlich aus der Ferne eine befehlende Stimme: „Wie heißen Sie?“ Stramm stehend meldete ich: „Funker Busche.“ Prompt wurde eine erste militärische Verwarnung in meine Papiere eingetragen, begründet mit unerlaubtem Trinken. Ich war ahnungslos naiv, mir war nicht klar gewesen, dass Quellwasser im Feindgebiet vergiftet sein könnte. Nach einer durchgeschlafenen Nacht auf moosigem Waldboden war Antreten zum morgendlichen Appell angesagt. Da ich das 17. Lebensjahr kaum überschritten hatte, bekam ich als Sonderration zur Normalverpflegung ein halbes Pfund Butter. Hungrig und leichtsinnig, wie ich war, hatte ich die Butter in kürzester Zeit verspeist, allerdings mit dramatischen Folgen. Ich bekam einen kräftigen Durchfall, der prompt in die Hose ging. Da wir ja nur unser Marschgepäck hatten, war eine Reinigung kompliziert, aber mit viel Raffinesse gelang es mir dann dennoch.

Wir wurden in kleine Gruppen von je zehn Mann eingeteilt und in Lkws verfrachtet. Nach langer Fahrt kam unsere Gruppe bei der Nachrichtenkompanie der 168. Infanteriedivision an und wurden von den altgedienten Landsern begutachtet, bestaunt und mit den Worten empfangen: „Jetzt schicken die uns schon Kinder“.

Es war Sommer und wir schliefen mit unserer Ausrüstung in Zeltbahnen. Dazu gehörten Tornister, Brotbeutel und Feldflasche sowie Stahlhelm, Gasmaske und das Gewehr. Der Karabiner 98k war ja die Braut des Soldaten. Dieser Braut konnte ich jedoch keine Liebe entgegenbringen, obwohl sie meine ständige Begleitung sein durfte. Sorgfältig achtete ich jedoch immer auf zwei Dinge, die ich niemals zu verlieren versuchte: meine Armbanduhr, die ich zur Konfirmation geschenkt bekommen hatte, und eine kleine Nagelschere, die ich in der Brusttasche verstaute. Beides erachtete ich als überlebensnotwendig und schaffte es tatsächlich, diese Utensilien durch alle Kriegsgeschehen durchzubringen.

Verwundert nahm ich zur Kenntnis, dass es mitten im Russlandkrieg immer wieder Appelle gab. Wie in der Heimat üblich, musste die Kompanie antreten, strammstehen und der Spieß musste die morgendliche Meldung abgeben. Uniform und Gewehre wurden kontrolliert, danach fand der normale Dienst statt. Im Übrigen aber ließ man uns dann in Ruhe. Wir waren in kleinen Gruppen aufgeteilt, je ein Uffz. mit fünf bis acht Mann. Die Kraftfahrer mussten sich um ihre Fahrzeuge kümmern, wir um unsere technischen Geräte. Die Wachposten wurden für die nächtliche Bewachung eingeteilt. Unser Kompaniechef war ein Hauptmann. Für seine persönlichen Belange hatte er einen Burschen, mit dem wir guten Kontakt hatten. Durch ihn erfuhren wir gelegentlich, wie die militärische Lage vorn an der Front war oder welche Truppen neben uns lagen. Denn im Grunde genommen hatten wir von der allgemeinen Lage keine Ahnung, waren nur dumme Befehlsempfänger, die zu funktionieren hatten. Die einen taten es mit pflichtbewusster Begeisterung, andere in stoischer Gelassenheit.

Wir waren in einem typischen Dorf der Ukraine untergebracht, bestehend aus Lehmhütten mit einem gemauerten Ofen. Die Bevölkerung war uns freundlich gesinnt. Zwei junge Russinnen versuchten, mit uns in Kontakt zu kommen, boten uns ihre Hilfe an bei der Suche nach Wasser. Aber ein altgedienter Obergefreiter warnte uns: „Das sind kommunistische Mädchen, die haben rote Mützen auf.“ So verzichteten wir weise auf hilfreiche Annäherung.

Dort hatte ich mein erstes lehrreiches Erlebnis. Wir waren zusammen mit einer ukrainischen Familie in einem Raum untergebracht. Da sah ich unter dem Ofen ein Paar Filzpantoffeln stehen. Ich fühlte mich als stolzer Eroberer, der sich im Kriege als Besatzer alles erlauben durfte. Besitzergreifend eignete ich mir die Pantoffeln an. Sogleich setzte ein lautes Geschrei mit vielen Worten ein, die ich nicht verstand. Ich fragte meinen gut Polnisch sprechenden Kameraden, worum es denn gehe. Da erklärte er mir, dass das, was ich gerade tat, Raub sei und sich nicht gehöre. Beschämt gab ich die Pantoffeln zurück und verstand dieses Geschehen als Lehre mit anhaltend psychologischer Wirkung für die Zukunft.

## Die Truppe

Ich will versuchen, mich an die Gliederung zu erinnern: Die 168. Infanteriedivision bestand aus dem Divisionsstab und vier Regimentern. Jedes Regiment hatte eine Infanterie-, eine Fernsprech-, eine Nachrichten- und eine Versorgungskompanie. Letztere hatte für den Nachschub zu sorgen. Unsere Nachrichtenkompanie hatte eine Funk-, eine Nachrichten-, eine Kfz- und eine Versorgungsabteilung. Ich gehörte als Funker einem Nachrichtenzug an.

Unsere Nachrichtenkompanie bestand aus der Funkabteilung, der Transportabteilung und der Versorgungsabteilung. Die Transportabteilung hatte spezielle Funkwagen mit Nachrichtengeräten, große schwere Transportwagen und kleine Meldefahrzeuge. Zuständig waren hierfür die Kraftfahrer, die sich um alles kümmern mussten, was zur Fahrbereitschaft notwendig war. Sie mussten für rechtzeitiges Betanken sorgen, die Dieselmotoren vorwärmen, Schneeketten einsatzbereit halten sowie alle Vorbereitungen für einen plötzlichen Einsatz treffen. Für diese Truppe war Wachtmeister Herrmann verantwortlich, ein korrekter, aber auch beliebter Vorgesetzter. Wir hatten guten und ständigen Kontakt mit ihm und seinen Männern, weniger dagegen mit der Versorgungstruppe. Die war zuständig für die Feldküche, für Nahrung und Bekleidung, für alle Kriegsgeräte und für den Nachschub. Im Großen und Ganzen waren wir eine Truppe, die kameradschaftlich zusammenhielt. Ich möchte in meiner Erinnerung herumkramen, wer mir da noch so alles einfällt.

Unsere Garnisonsstadt war Kattowitz in Oberschlesien. Fast alle kamen aus Schlesien, viele verstanden auch Polnisch. Für mich klang ihr Dialekt merkwürdig. Ich kann die in ihren Reden ständig wiederkehrenden Standardausdrücke nur phonetisch wiedergeben, nicht wissend, wie sie richtig geschrieben werden. Die Niederschlesier fügten ihren Sätzen stets ein mir unverständliches „Lerge“ bei, die Oberschlesier ein wenig feines „Jubt forju match“. Dennoch waren sie alle gut verträgliche Kumpels. Wir Neulinge kamen aus nördlichen Gegenden. Da waren die Pommern mit dem kräftigen Ückert, dem forschen Hansen und dem urwüchsigen Günter, den nichts aus der Ruhe bringen konnte. Ein etwas klein geratener Frohgemut hatte es einem schlesischen Obergefreiten angetan, einem echten alten Haudegen. Der kümmerte sich um ihn, half ihm, wo er nur konnte, war ein echter, väterlicher Freund für ihn. Als er eines Tages erfuhr, dass der Junge bei einem Angriff gefallen war, trauerte er noch tagelang um ihn. Aus Wien kam ein gestandener, aber netter Postfunker zu uns mit Namen Drska. Er erzählte uns oft und begeistert von seinen Wanderungen in den österreichischen Bergen. Schon beruflich bedingt war er ein ausgezeichneter Funker, der sich als echter Deutscher fühlte, ohne jedoch nationalistisch zu sein. Ein großer, stämmiger Kraftfahrer namens Alex kam aus Magdeburg. Er war ein hilfsbereiter Kamerad, hatte aber Verdauungsprobleme. Zu unser aller Ärger und Leidwesen ließ er ständig und lautlos stinkende Gase ab und hörte sich mit unschuldigem Lächeln unsere lauten Proteste an. Wir mussten oft in der Enge der Unterkünfte damit leben. Ich freundete mich bald mit einem Oberschlesier namens Justus an, der perfekt Polnisch sprach und mir dolmetschend bei der Verständigung mit den russischen Einheimischen hilfreich zur Seite stand. Er unterhielt sich gerne mit den ukrainischen Bewohnern und übersetzte mir ihre Gespräche. Mit der zurückgebliebenen Bevölkerung hatten wir immer ein vernünftiges Verhältnis. Sie teilten bisweilen sogar ihre letzten Kartoffeln mit uns. Viele von ihnen hatten Angst vor der russischen Soldateska.

Es gab auch eine Schreibstube mit einem Obergefreiten Schulze. Er schrieb Berichte für die Kompanie, leitete Meldungen und Berichte an die Division weiter und machte Vorschläge bei Einsätzen. Er war die rechte, unentbehrliche Hand des Kompaniechefs, war nicht besonders sportlich, aber zuverlässig. Er hatte großen Einfluss, beispielsweise bei Abstellungen zu anderen Einheiten. Er beriet seinen Chef bei Sondereinsätzen, bei Bestrafungen und bei Urlauben, war sozusagen ein richtiger Bürohengst. Er war bei der Truppe verhasst und hatte inoffiziell den Spitznamen „Pummel“ bekommen, aber so durfte ihn niemand nennen, dann wurde er fuchsteufelswild und derjenige bekam es zu spüren. Er war sogar so verhasst, dass Worte fielen wie „Beim nächsten Sturmangriff kann sich schon mal eine Kugel verirren“. Er sonderte sich auch stets von der Truppe ab und verkroch sich dann in seiner Amtsstube.

Wir Funker waren in kleine Trupps aufgeteilt, bildeten mit vier bis sechs Mann und einem Uffz. jeweils eine Einheit. Ich gehörte zu einem Trupp, der von Uffz. Hühnert geführt wurde. Er stammte aus Gleiwitz. Seine Frau war im sechsten Monat schwanger. Um rechtzeitig bei der Geburt dabei sein zu können, wartete er sehnsüchtig auf seinen Heimaturlaub, musste aber noch lange warten. Im Gegensatz zu anderen Trupps teilten wir alles miteinander. Die Verpflegungsrationen eines jeden Einzelnen gehörten der Gemeinschaft, genauso wie die Inhalte der Feldpostpäckchen aus der Heimat. Mir gefiel diese Art der Handhabung, ich fand sie sogar gut und richtig, denn es festigte die Kameradschaft in hohem Maße.

In späteren Kriegsjahren bekamen wir russische Gefangene als freiwillige Helfer zugeteilt, die sogenannten HIWIs (hilfswillige Gefangene). Sie wurden zur Betreuung der Pferde und der Panjewagen sowie für den Transport der Geräte eingesetzt. Einige wurden auch beim Abhören russischer Telefongespräche als Dolmetscher benötigt. Wir unterhielten uns oft mit ihnen und hatten einen recht vernünftigen Umgang miteinander. Einer von ihnen entpuppte sich als Karikaturzeichner. Mit gekonnt lustigen Karikaturen brachte er uns manches Mal zum Lachen. Unsere Kompanie hatte an die 15 HIWIs zugeteilt bekommen, die dann abends als Gruppe zusammensaßen und ihre Volkslieder sangen. Aus der Ferne hörten wir ihrem Gesang zu und staunten über die Vielzahl ihrer Strophen, deren Melodie sich immer und immer wieder wiederholte.

## Rauchen und andere Übel

Wenn wir in einem Dorf Quartier bezogen hatten, wurde zuerst eine Grube ausgehoben und ein sogenannter „Donnerbalken" angelegt, der von der Mannschaft und den Offizieren zwanglos gemeinschaftlich geteilt und benutzt wurde. Bei längerem Aufenthalt wurde für diese wichtige Angelegenheit auch schon mal ein Holzhäuschen gezimmert; aber das konnten wir uns erst später leisten; während des Vormarsches blieb dafür keine Zeit.

Nachts mussten wir immer je zwei Stunden Wache schieben. Es war nicht sehr beliebt, im tiefsten Schlaf geweckt zu werden, um in der kalten Nacht dann mit geschultertem Gewehr Posten zu stehen. Wir waren dabei zu zweit, verbrachten diese Zeit rauchend und erzählend. Auf diese Art lernten wir uns gegenseitig besser kennen.

Dabei gewöhnte ich mir das Rauchen an. Ältere und erfahrene Landser hatten mich dazu verführt. Sie hatten mich überredet, den Rauch doch einmal richtig tief einzuatmen. Mir glückten ein paar kräftige Lungenzüge. Dabei stellte ich fest, dass es sich ganz anders anfühlte als mein damaliges Paffen als Schüler. Mit 15, 16 Jahren mochte es ja recht schick gewesen sein, nach der Schulstunde in großer Runde zu rauchen, besser gesagt zu pusten, denn da war von Inhalieren keine Rede gewesen. Im Grunde genommen war ich also Nichtraucher. Später, als Rekrut, bekam ich, wie alle anderen auch, meine tägliche Zigarettenration zugeteilt, die ich bei den echten Rauchern gegen Brot eintauschen konnte. Jetzt, bei unseren Postengängen, begann ich also mit dem Lungenrauchen. Es war ein tolles Gefühl, ich wurde leicht benommen, wurde benebelt und dadurch schnell zum Wiederholungstäter. Diese Sucht hielt die ganze Kriegszeit über an, auch noch Jahrzehnte danach. Als Soldaten bekamen wir ja immer ausreichende Mengen Zigaretten, zum Ende des Krieges war es damit jedoch vorbei.

Als Süchtiger fühlte ich mich entsprechend immer schlecht, wenn ich nichts zu rauchen hatte; ich rauchte alles, was mir unter die Finger kam: Machorka, in Zeitungspapier gedreht, jede Art Tee oder sogar selbst angebauten Tabak, den ich im Blumentopf angepflanzt hatte. Es war die Zeit der Zigarettenwährung. Die Amis brachten Camel und Marlboro mit. Eine Zigarette kostete damals 10,– Reichsmark und war ein gängiger Tauschartikel. Die echten Nachkriegsschieber besaßen stangenweise Zigaretten, ich selbst begnügte mich mit Kippen. Aber ohne Glimmstängel ging es einfach nicht. Als es später wieder ausreichend Zigaretten gab, wurde ich sogar Kettenraucher, kam leicht auf 60 bis 70 Stück pro Tag. Erst viele Jahre später, ich glaube in den Siebzigern, wurde ich endlich clean. Ich hatte an einem alkoholfreudigen Abend noch acht Zigaretten in der Schachtel und sagte: „Die rauche ich noch auf, ab morgen keine mehr." Und so war es dann auch. Natürlich hatte ich etliche Wochen lang noch Entzugserscheinungen, blieb aber eisern und fasse bis heute keine einzige Zigarette mehr an. Ich muss feststellen, dass ich mich dabei sehr wohlfühle.

Ein fast inniges Verhältnis hatten wir zu niedlichen, kleinen Tierchen, den Läusen. Ein tägliches Ritual war unausbleiblich. Wir beschäftigten uns mit dem Knacken dieser unnützen Viecher, die es sich zahlreich in unserer Unterwäsche gemütlich gemacht hatten. Ich bekam bald eine perfekte Fingerfertigkeit, mit der ich es leicht schaffte, eine Anzahl von 50, 60 Stück ins Jenseits zu befördern. Es half dennoch nichts, denn sie vermehrten sich ständig aufs Neue. Anders, dafür aber besonders hartnäckig verhielten sich Flöhe, die sich auf mich spezialisiert hatten. Wenn wir als größere Gruppe in einer Hütte die Nacht auf dem Fußboden verbrachten und sich auch nur ein Floh im Raum befand, besuchte der mich mit tödlicher Sicherheit. Vergeblich versuchte ich mehrmals, ihn irgendwie zu erwischen, aber er war viel zu schlau. In seiner anhänglichen Art ließ er mir keine Ruhe. Wo wir uns auch befanden, schien er mich zu verfolgen und mit juckenden Stichen zu ärgern. Viel einfallsreicher, aber auch listiger waren dagegen die Wanzen. Wenn wir in der Hütte eines russischen Dorfes schliefen, merkte ich immer erst am nächsten Morgen, dass ich in der Nacht stechenden Besuch hatte. Am schlimmsten waren diese lieben Tiere im Osten Polens, in Galizien. Dort hausten riesige Exemplare, die uns in die Flucht trieben. Sie veranlassten uns immer, eilig die Räume zu verlassen, um die Nacht dann lieber in nasskalter Natur zu verbringen.

# Im Kampfeinsatz

## Im Vormarsch

Im Spätsommer begann nach einer Ruhephase, die dem Versorgungsnachschub und der Waffen-Ergänzung diente, erneut der Vormarsch in Richtung Moskau. In verschiedenen Etappen, vorbei an Winniza, Tscherkassy und Poltawa, durchquerten wir die Ukraine. Die Stimmung in der Truppe besserte sich, denn es ging wieder vorwärts in Richtung Osten. In Gruppen von etwa 40 Mann legten wir mit typischen Landserschritten täglich an die 25 Kilometer zurück. Immerzu hieß es laufen, laufen, latschen. Wir trafen auf vereinzelte Dörfer mit Lehm- oder Holzhäusern, in denen wir kurz Station machen konnten. Unendliche Weite, baumlos, mit goldfarbenen Sonnenblumenfeldern. In unseren Jackentaschen hatten wir ausreichend Sonnenblumenkerne bereit, die wir einzeln in den Mund platzierten. Ich hatte bald eine gewisse Routine erlangt, mit der Zunge die Schalen zu sortieren und gekonnt auszuspucken, um dann in den Genuss der Kerne zu gelangen.

Unser nächstes, größeres Ziel hieß Belgorod. In einem Vorort der Stadt wurden wir plötzlich durch einen Flugzeugangriff überrascht. Ein ganzes Geschwader stürzte sich mit Maschinengewehrfeuer auf uns. Die Truppe verteilte sich und suchte eilends überall Deckung. In der Ortschaft befand sich neben uns ein ungarisches Regiment. Die Flugzeuge griffen uns unablässig im Tiefflug an und beschossen uns. Wir taten es ihnen gleich und schossen zurück. Mangels Flugabwehrgeschützen feuerten wir mit Gewehren und Maschinengewehren auf die Angreifer, Deutsche und Ungarn gemeinsam und mit Eifer, meist jedoch vergeblich. Tatsächlich, wenn auch zufällig, wurde dabei eine Maschine getroffen. Sie stürzte brennend zu Boden. Ein lautes, freudiges, allseitiges Gejohle bestätigte den Abschuss. Neben mir in einer Bodensenke lag ein ungarischer Soldat. Er sprang immer wieder auf und gestikulierte lauthals: „Ich war's, ich habe ihn getroffen." Mit Sicherheit bildete er sich das ein. Durstig wie er war, bat er mich um Wasser. Ich gab ihm aus meiner Feldflasche zu trinken. Wir unterhielten uns dann noch eine ganze Weile mit gegenseitigen Sprachversuchen, bis der nächste Angriff kam.

## Bei der Infanterie

Bei einem der üblichen Morgenappelle fiel plötzlich mein Name, ich solle mich auf der Schreibstube melden. Dort stand ich, nichts Gutes ahnend, vor dem Schreibstubenmenschen, dem besagten, verhassten „Pummel". Er war als rechte Hand des Kompaniechefs zuständig für Personalien, Beförderungen, Urlaube und Versetzungen, kurzum, er hatte alles im Griff. In seinem unergründlichen Kopf hatte er sich ausgedacht, mich, den jungen, noch unerfahrenen Burschen für eine Versetzung zur Infanteriekompanie vorzuschlagen. Dort wurde nämlich ein Funker gebraucht. Altgediente wagte er nicht für diese Aufgabe zu benennen. Der Kompaniechef folgte wie gewohnt seinem Vorschlag. Ich bekam einen Marschbefehl ausgehändigt und wurde in Marsch gesetzt. Auf diese Weise kam ich zu einem Trupp alter Infanteriehasen. Doch so alt waren die gar nicht, sondern ebenfalls Abiturienten und

Abschluss-Schüler in meinem Alter, alles dufte Kumpels. Sie hatten die Winterspange, den sogenannten „Gefrierfleischorden“ an ihrer Uniform, hatten also den grausig kalten Winter 1941/42 in Russland mit über 40 Grad minus ohne geeignete Winterbekleidung miterlebt. Die gab es ja nicht, denn Hitler hatte sich eingebildet, Russland noch vor dem Winter besiegt zu haben; dafür gab es jedoch zahlreiche Erfrierungen.

Wenn wir als Gruppe zusammensaßen, erzählten sie mir, dem Neuling, ihre Erlebnisse. Ich bekam zu hören, wie sie die Kälte mit Eis und Schnee überstehen mussten. Sie berichteten mir auch, wie es dort vorn an der Front zuging. So erfuhr ich, was „Stalinorgeln“ sind, wie sie funktionieren und welche Wirkung sie haben. Wir sprachen über Granatfeuer, Granateinschläge und Granattrichter. Ich erfuhr, wie Granaten im Flug Heultöne abgeben und deren Bedeutung. Mit heulendem Geräusch fliegen sie über einen hinweg, fliegen also vorbei, sind demzufolge nicht mehr gefährlich. Wenn sie hingegen fast lautlos, kaum hörbar sind, schlagen sie ganz in der Nähe ein. Sie erzählten mir dann vieles über Geschütze, Geschosse, Granaten, Granatwerfer und „blaue Bohnen“. Wir sprachen über die unausbleiblichen nächtlichen Flugzeugattacken, die wir Dreschmaschinen nannten und die eine enorme psychologische Wirkung hatten, aber darüber später. So redeten, klönten und tranken wir manchen Abend, wenn wir in kleiner Runde zusammensaßen. Denn noch herrschte Stille an der Front. Durch ihre anschaulichen Berichte bekam ich erste Eindrücke von „dort vorne“ und vom realen Kriegsgeschehen.

## Der Angriff

Als ich mich nach einigen Tagen und Wochen bei der neuen Truppe etwas eingewöhnt hatte, war es so weit. Wir sollten zum Einsatz kommen. Die Russen hatten unsere Stellung im Nachbarbereich angegriffen. Sie fanden eine Schwachstelle, die von einer italienischen Einheit gehalten wurde. Dort hatten sie einen Brückenkopf über einen Nebenfluss des Dons gebildet. Den sollten wir beseitigen. Am Abend sprach sich die Nachricht herum. Es war mein erster Kampfeinsatz und ich erhielt von den älteren, erfahrenen Landsern alle möglichen Informationen und Ratschläge. So hörte ich, dass man vor einem Angriff nichts essen solle, da sonst bei Bauchschüssen die Wunden sehr viel schmerzhafter seien. Gesichtsverletzungen würden stärker bluten als andere Wunden. Wenn ein Bein oder Arm abgerissen wäre, würde man das Gefühl haben, das Glied sei noch dran. Weiter wurde erzählt, dass man bereits vorher ahnen würde, ob man tödlich getroffen werde. Mit solcher Vorahnung würde man einen Brief schreiben und jemanden bitten, ihn im Todesfall an die Angehörigen zu schicken. Wie sich später herausstellte, hatte mein Gruppenführer in der Tat solch eine Vorahnung. Er hatte einen Abschiedsbrief hinterlassen und starb auf dem Schlachtfeld den „Heldentod". Mit derartigen Erzählungen verging der Abend. Sie beeindruckten mich jedoch nicht sonderlich, weil ich noch unerfahren und naiv war. Ich hörte mehr oder weniger interessiert, aber neugierig zu, ohne weiter darüber nachzudenken.

Im Morgengrauen brachen wir auf. Es herrschte nebliges, regnerisches Wetter. In der Infanterieeinheit war ich als Tornister-Funker eingeteilt. Mein Gruppenführer und ich hatten neben dem Gewehr noch die circa 40 Kilogramm schweren Funkgeräte zu schleppen; er hatte den Tornister mit der Elektronik auf dem Rücken; ich den mit den Ladegeräten. Unsere Kompanie war 180 Mann stark und bestand aus drei Abteilungen, angeführt von je einem Leutnant.

Wir kamen an ein großes freies Feld mit einer leicht abfallenden Wiesensenke. Auf der anderen, ansteigenden Seite der Senke befand sich eine Waldbegrenzung. Von russischen Truppen war weit und breit nichts zu sehen. Der Befehl zum Angriff erfolgte. Weit auseinandergezogen in kleinen Gruppen liefen wir vorwärts, unser Leutnant voran. Ständig forderte er uns auf, leicht rennend Abstand zu halten. Plötzlich bekamen wir Beschuss und den Befehl „Hinlegen!“. Fortan lagen wir weit verstreut und offen auf der Wiese. Heftiges Artilleriefeuer setzte ein, Gewehrschüsse knallten durch die Gegend, wir waren hilflos ausgeliefert. Keiner wagte sich vorwärts, jeder suchte vergeblich Schutz auf dem freien Feld. Ich stellte zur Deckung mein circa 60 Zentimeter hohes Tornister-Gerät vor mich auf, lag dahinter, die Beine breit, die Hacken nach unten, exakt wie als Rekrut eingeübt. Da durchschlug eine Gewehrkugel das Gerät direkt über meinem Kopf. Das Geschoss landete zwischen meinen Beinen in der Erde. Ein feindlicher Scharfschütze hatte auf mich gezielt und das Funkgerät getroffen. Um weniger Angriffsfläche zu bieten, drehte ich das Tornister-Utensil rasch auf die Seite. Dann robbte ich zu meinem circa zehn Meter entfernten Gruppenführer. Ich fand ihn liegend mit Schaum vor dem Mund, er war in die Stirn getroffen worden. Die Kugel hatte seinen Stahlhelm durchschlagen. Der Scharfschütze hatte zu gut gezielt. Ich hatte mächtiges Glück gehabt, dass ich nicht getroffen worden war. Das Artilleriefeuer wurde immer heftiger. Dann kamen etwa ein Dutzend Tiefflieger, die uns unaufhörlich beschossen. Wir boten auf der freien Wiese eine gute Zielscheibe. In dem Rauch, Qualm und Feuer rief mich ein Soldat zu Hilfe. Er hatte einen schrecklich schreienden Verletzten mit einem Bauchschuss auf einer Zeltbahn liegen. Wir versuchten, ihn in Etappen durch die Feuerwalze zu bekommen. Gemeinsam brachten wir den Verwundeten schließlich zurück zum Gefechtsstand, der circa 300 Meter hinter der Kampflinie lag. Sanitäter beförderten ihn dann weiter zur Lazarettstelle. Auf dem Weg war um mich herum ständig Gewehrfeuer. Kugeln flogen fortwährend an mir vorbei. Merkwürdigerweise machte mir das überhaupt nichts aus, ich war ja noch jung und unerfahren. Stets dachte ich, mir würde schon nichts passieren, höchstens könne ich vielleicht leicht verwundet im Lazarett landen. Auf dem Gefechtsstand wurde ich von leitenden Offizieren des Stabes befragt, wo sich der Feind versteckt halte. Ich erklärte es ihnen und sagte auf Anweisung meines Leutnants, dass wir dringend Unterstützung von unseren Flugzeugen benötigen würden. Die wurden dann zwar angefordert, kamen jedoch nicht.

Ich lief nun zurück, nach vorn zur Kampffront, um das Funkgerät zu holen, denn das durfte nicht in feindliche Hände fallen. Auf dem Weg dorthin sprang ich, Deckung suchend, immer wieder von einem Granattrichter zum nächsten. Ich sagte mir, naiv wie ich noch war, dass eine zweite Granate nicht wieder im selben Trichter landen würde, bei der Vielzahl von Trichtern. Als der Artilleriebeschuss nicht aufhörte, begriff ich endlich, dass ich mich in einer Sperrfeuerzone befand; eilig verließ ich sie. Ich robbte nach vorn und holte das Funkgerät. Bei Einbruch der Dunkelheit war ich schließlich am Gefechtsstand zurück. Dort erfuhr ich, dass von unseren ursprünglich 180 Männern nur noch 38 übrig geblieben waren; alle anderen waren gefallen oder schwer verwundet.

Die Nacht verbrachte ich regennass, geschützt mit meiner Zeltbahn in einem Erdloch. Am nächsten Morgen sollten mein toter Funkführer und dessen Funkgerät geholt werden. Wir liefen auf das umkämpfte Feld, holten unseren gefallenen Kameraden und sein Funkgerät und schafften es gerade noch rechtzeitig zum Gefechtsstand zurück, bevor russische Panzer T-34 auftauchten und vom Schlachtfeld Besitz ergriffen. Der Brückenkopf musste aufgegeben werden. Motorisiert ging es zurück in eine neue Stellung. Ich fuhr dabei als Beifahrer auf einem Motorrad mit, im Beiwagen mein toter Truppenführer, den ich während der Fahrt halten musste. Er wurde ehrenvoll in fremder Erde bestattet. Ein Holzkreuz mit einem Stahlhelm und seinem Namen blieb zurück.

Zwei Tage lang ging es nun zurück, vorbei an verwüsteter Landschaft. Überall lagen am Straßenrand tote Russen oder Teile von ihnen, tote Pferde und Trümmer von Kriegsmaterial. Ein schauderhafter Anblick des entsetzlichen Geschehens. Der Krieg zeigte sein wahres Gesicht. Allmählich dämmerte es mir, dass ja auch ich verletzbar sei. Von nun an warf ich mich, wie alle anderen, bei jedem Einschlag, Gefechtsdonner oder Fliegerangriff sofort und gekonnt – wie in der Rekrutenzeit eingeübt – auf die Erde. Einige Wochen blieb ich noch bei der Infanterie und bei meinen Kameraden der alten Truppe.

Ein Erlebnis ist mir dabei noch in schlimmer Erinnerung. Eines Tages wurde aus unserer Einheit unverhofft ein Abiturient, so wie ich einer war, zu einem Erschießungskommando abkommandiert. Er war ohne sein Wissen aus unserer kleinen Gruppe ausgewählt worden, durfte sich jedoch nicht verweigern. Wir waren nicht informiert worden, dass ein junger Fahnenflüchtiger vom Kriegsgericht zum Tode verurteilt worden war. Der seelische Zustand unseres Kameraden war nach seiner Rückkehr vom Erschießungskommando verständlicherweise nicht der beste. Nur widerwillig und kurz berichtete er uns über dieses schreckliche Erlebnis und war im Übrigen wenig gesprächsbereit. Erst später erfuhr ich von seinen früheren Kameraden, dass er sich bei einem russischen Angriff mit dem Gewehr durch Mundschuss selbst getötet hatte. Ich nehme an, dass er dieses Erlebnis seelisch nicht verkraftet hatte.

Einige Zeit später wurde ich wieder zu meiner alten Einheit, der Nachrichtenkompanie, zurückversetzt und damit von der vorderen, ersten Frontreihe in die zweite. Bei einem Morgenappell musste ich vortreten. Vom Kompaniechef wurde mir für meinen Fronteinsatz das „Eiserne Kreuz“, das EK 2, verliehen. Es freute mich, dass ich diese Auszeichnung für einen mutigen, helfenden Einsatz erhalten hatte und nicht für irgendeine mit Töten verbundene sogenannte „Kriegsheldentat“.

## In Woronesch

Nach etlichen Dauermärschen und wechselnden Quartieren kamen wir nach Woronesch, einer am Don gelegenen Stadt. Wir hatten unser Quartier in einer Stadtwohnung bezogen. Unsere Kompanie war im gesamten Gebäude verteilt. Unsere Gruppe bestand aus zehn Mann und war in einem leeren Raum untergebracht. Der stete Geschützdonner in der Ferne und das tägliche Gebrumme der Flugzeuge waren der Alltag, an den wir uns bald gewöhnten. Wir rätselten vergeblich, was wohl passieren sollte, welchen Zweck unser Bleiben hätte. Schließlich verbreitete sich die Nachricht: „Führerbefehl, ausharren, kein Rückzug, kämpfen bis zur letzten Patrone!“ Die errungene Stellung am Don sollte auf alle Fälle verteidigt werden. Stundenlang, tagelang warteten wir auf einen Angriff der Russen. Nichts passierte. Es entwickelte sich eine depressive Stimmung. Warten, warten, was wird geschehen? Wir vertrieben uns die Zeit mit Kartenspielen und Dösen. An der Wand hing eine alte Landkarte. Ein älterer Obergefreiter zeigte auf die Karte und erklärte: „Das hier ist Russland, unendlich groß, und das hier ist Deutschland!" Ein allgemeines nachdenkliches Stillschweigen setzte ein.

Nach unendlich langen Tagen des Wartens erreichte uns unverhofft der erlösende Befehl unseres Generals zum Aufbruch. Wir hörten, dass rechts und links russische Truppen in italienische Stellungen eingebrochen seien. Für uns bestand damit die Gefahr einer Einkesselung. Trotz ausdrücklichen Führerbefehls wagte unsere Division den Abmarsch.

Die Wagenkolonne unserer Nachrichtenkompanie bestand aus zehn Transport-Lkws und drei Funkwagen. Ich saß mit unserem Trupp in solch einem Funkwagen. Wir waren erleichtert, dass es durch die weite, schon winterliche Landschaft zurückging. Nach circa 20 Kilometer Fahrt, unsere Funkgeräte waren eingeschaltet, erreichte uns von einer anderen Kolonne die Nachricht, dass beim Kilometer 28, nahe einer Ortschaft, eine Falle der Russen zu erwarten sei. Wir beschleunigten, um in voller Fahrt den Gefahrenpunkt zu durchfahren. Doch plötzlich standen wir mitten in einem Kessel. Der Russe hatte die Gelegenheit genutzt, uns unbemerkt beidseitig zu überholen. In dem ringsum bewaldeten Gebiet war vom Gegner jedoch nichts zu sehen. Aber wir waren eingeschlossen und wurden nun von allen Seiten unter Feuer genommen. Die Fahrzeuge erwischte es zuerst, sie wurden total zusammengeschossen. Überall lagen Wagentrümmer, Einschläge von Granatwerfern und Geschützen trafen kontinuierlich auf wild herumirrende Soldaten, ein heilloses Durcheinander entstand. Die Russen feuerten unaufhörlich und unsichtbar auf dieses menschliche Tohuwabohu in der Mitte. Ich schätze, dass wir ein Haufen von circa 500 Mann waren, die dort orientierungslos herumliefen und versuchten, aus dem Kessel auszubrechen. Nur wenige Fahrzeuge waren noch fahrtüchtig. Sie wurden von allen Seiten erstürmt, um mit ihnen dem Kessel zu entkommen. Voll besetzte Lkws wurden massiv verteidigt. Soldaten, die noch auf solch einen anfahrenden Lkw klettern wollten, wurden durch Schläge auf Körper und Hände am Mitfahren gehindert, aus Furcht, der Wagen könnte wegen Überfüllung fahruntüchtig werden. Da setzten animalische Triebe ein, keine Spur von Kameradschaft war mehr erkennbar. Ich nahm unbemerkt die Gelegenheit wahr und kroch auf das vordere Schutzblech eines Lkws, der schließlich mit vollem Tempo startete – vorbei an Fahrzeugtrümmern und fliehenden Menschenmassen – und schließlich die Rollbahn erreichte. Irgendwie konnte ich mich bei rasender Fahrt an der Motorhaube festhalten, bis wir nach vielen Fahrkilometern an einen Ort kamen, an dem sich der Rest der Division gesammelt hatte. Es war eine der vielen Einkesselungen, denen ich in Russland entkommen bin. Während des gesamten Feldzuges wurden wir, so schätze ich es im Nachhinein, an die 30 bis 40 Mal eingekesselt, konnten uns aber jedes Mal freikämpfen.

Ein ganz besonderes Glück – ich muss es so bezeichnen – hatten wir auf dem Rückzug gegen Ende 1942 durch die Spürnase unseres Regimentskommandeurs. Unsere Division bestand aus vier Regimentern. Während zwei von ihnen den südlicheren Weg nahmen, erkundete unser Kommandeur den nördlicheren. Er bekam einen Fahrer aus meiner Gruppe zugeteilt, nämlich Fritz Meier. Das war ein lustiger Bursche, der leicht stotterte und den ich bereits aus meiner Rekrutenzeit kannte. Sie fuhren in einem erbeuteten Jeep kreuz und quer durch die Wälder, um die passende Marschroute für unsere Einheit zu suchen. Von diesem Fahrer erfuhren wir später, wie sie instinktiv den richtigen Weg fanden, das uns vorgegebene Marschziel in Richtung Norden zu erreichen. Die anderen beiden Regimenter, welche die südliche Route gewählt hatten, gerieten dadurch ungewollt in den Kessel von Stalingrad, denn zwischen unsere beiden Kolonnen hatte sich eine russische Panzereinheit geschoben. Wir hatten also das große Glück, den weiteren Rückzug außerhalb dieses Kessels zu überleben. Das schreckliche Schicksal der 6. Armee blieb uns damit erspart.

# Auf dem Rückzug

## Die Schlacht bei Kursk

Ein weiteres Großereignis ist mir noch fest im Gedächtnis geblieben: der folgenschwere Kampf bei Kursk. In dieser unserer Region tobte eine gewaltige Panzerschlacht mit erheblichen Verlusten auf deutscher Seite, der Kampf war verloren. Wir selbst waren nicht direkt involviert, erlebten aber die für uns daraus entstandenen Auswirkungen und erlitten erhebliche Verluste an Menschen und Material. Die Front wurde auf ganzer Breite zurückgenommen, der Rückzug erzwungen. Fahrzeuge blieben im Schlamm stecken, mussten zurückgelassen werden. Eine lange Heereskolonne wälzte sich die Rollbahn entlang, vorbei an Fahrzeugtrümmern. Überall lagen Tote zwischen Pferdekadavern, zerstörte Fahrzeuge und unbrauchbare Geschütze. Die Truppe hatte nur noch wenige fahrbereite Transportmöglichkeiten. Material und Ausrüstung wurden auf alte, russische Panjewagen geladen und von dürren Panjepferden gezogen. Wir stapften zu Fuß hinterher, ohne Unterbrechung, nur mit kurzen Haltepausen zwischendurch. Erschöpft und des Laufens müde hatten sich einige von uns einen Panjegaul organisiert, auf dem sie eine Zeit lang ritten. Ungeübt im Reiten, hatte einer von ihnen davon bald genug und überließ mir solch ein Tier. Ich war froh, nun nicht mehr laufen zu müssen. Dieses pferdeähnliche Viech war, wie die meisten von ihnen, nicht besonders groß, dafür aber sehr störrisch. Breitbeinig setzte ich mich auf seinen Rücken und wartete darauf, wohin mich der Ritt wohl führen würde. Natürlich hatte der Gaul weder Sattel noch Zügel. Um seine Schnauze war ein Strick gebunden, an dem ich ziehen konnte. Zu meinem Leidwesen ignorierte er dieses behelfsmäßige Führungsseil und gehorchte damit auch mir nicht. Er lief einfach so, wie es ihm gerade passte, mal nach rechts, mal nach links, mal nach vorn, mal zurück. Nach einigen Kilometern war ich seinen störrischen Eigensinn leid und überließ ihn einem anderen Kameraden, sollte der sich mit ihm herumplagen.

In Zeiten, in denen wir uns auf dem Rückzug befanden, mussten wir die meisten Wegstrecken zu Fuß zurücklegen. Unser Gepäck wurde dann auf Panjewagen transportiert. Um einer drohenden Einkesselung zu entgehen, waren das manchmal schon Strecken von 50 bis 70 Kilometer in einem Stück. Bei Regen, Schlamm und Schnee liefen wir dann ununterbrochen zwei Tage und zwei Nächte lang hintereinander. Das ständige Laufen in der Kolonne war ermüdend, unseren Durst löschten wir mit Schnee.

Als wir eines Nachts ein paar verlassene Dorfhütten sahen, hatten wir plötzlich eine verrückte Idee. Wir waren ein kleiner Trupp von acht Mann. Übermüdet hatten wir genug von dem andauernden Marschieren und beschlossen, aus der Kolonne kurz mal auszubüxen, um uns in einer der abseits gelegenen Hütten ein bis zwei Stunden schlafen zu legen. Gesagt, getan. Wir nahmen eine leer stehende Hütte in Beschlag, zogen die Stiefel aus und legten uns auf den Boden, um zu pennen.

Es dauerte nicht lange, da hörten wir nahes Gewehrfeuer. Wir sprangen auf und zogen uns eilig die Stiefel an. Da kamen auch schon die Russen in den Ort und durchstöberten die Häuser. Es war stockdunkel, hastig flüchteten wir aus der Hütte. Hilflos irrten wir in dunkler Nacht umher, denn wir befanden uns abseits von der Rollbahn. Nach einigen Stunden vergeblichen Suchens fanden wir schließlich den Weg zurück und trafen auf die Nachhut unserer Kolonne. Wir waren heilfroh. Am Abend des nächsten Tages erreichten wir endlich todmüde unser nächstes Quartier. Am Ortseingang erwartete uns der Quartiermeister und wies uns eine Unterkunft zu, in der wir uns ausruhen konnten.

Eine andere, für damalige Zeiten fast schon eigenartige Geschichte ist in meinem Gedächtnis hängen geblieben. Wir machten nach langem Marsch in einer einsamen Hütte Rast. Da sahen wir in der weiten, kargen Landschaft aus der Ferne einen einsamen Trupp auf uns zukommen. Ein bewaffneter Soldat führte eine Gruppe von 16 ausgemergelten, erschöpften Gefangenen (wahrscheinlich Juden) befehlsgemäß zu einem ihm vorgegebenen Ziel. Sie sahen so kläglich aus, dass wir ihnen bereitwillig, ohne lange zu fragen, zu essen und zu trinken gaben, bevor sie ihres traurigen Weges weitergingen. Eine derartige Hilfe war mit Sicherheit nicht im Sinne der NS-Führung, wurde von allen jedoch widerspruchslos akzeptiert.

Wenn ich an die Zeiten des Rückzugs denke, erinnert mich das immer an das dort herrschende Wetter. Die Verkehrswege in Russland waren sogenannte Rollbahnen, die Ortschaften oder Städte miteinander verbanden. Es waren keine befestigten Straßen, sondern festgestampfte, lehmige Wege, die sich in den trockenen Jahreszeiten bequem und leicht befahren ließen. Im Herbst verwandelten sich diese Rollbahnen jedoch durch anhaltend starke Regenfälle in tiefe Schlammwege, in denen unsere Fahrzeuge stecken blieben. Durch Schieben und Ziehen versuchten wir, sie in Bewegung zu halten, was uns aber kaum gelang. Unsere Stiefel versanken dabei gleichfalls im Schlamm und wir mit ihnen. In den strengen Wintern wiederum lag so dichter, hoher Schnee, dass ständig die Fahrzeuge mühsam freigeschaufelt werden mussten. Wir selbst stapften dann mehr durch die verschneite Landschaft, als dass wir marschierten. Es waren anstrengende Märsche zu den jeweiligen vorgegebenen Zielen. Unterwegs machten wir bisweilen kurze Pausen. In verlassenen Dorfhütten schliefen wir dann dicht gedrängt auf dem Boden liegend oder auch schon mal im Stehen, wenn der Platz zum Liegen nicht reichte. Das funktionierte sogar, so übermüdet wie wir waren.

Einmal kam mir dabei ein ganz verrückter Gedanke. Als wir nach einem 30-Kilometer-Marsch bei eisiger Kälte von minus 30 Grad in einer Hütte eine Ruhepause einlegten, wollte ich nicht mehr weiterlaufen, ich hatte die Nase gestrichen voll. In jugendlicher Unvernunft überlegte ich, ob es nicht möglich sei, einfach zurückzubleiben, um auf die russischen Truppen zu warten und in Gefangenschaft zu gehen. Ich hatte absolut genug von dem ganzen Krieg, ich wollte einfach nicht mehr weitermachen. Doch zum Glück siegten reale Überlegungen. Ich schloss mich wieder reumütig der Truppe an und marschierte treu und brav mit meinen Leuten weiter zurück.

## Kriegserlebnisse

Wenn ich heute – 75 Jahre nach Ende des Krieges – über das Schreckliche, das Grauen, das Unfassbare zu schreiben versuche, gelingt mir das nicht mehr. Denn zum Glück ist das menschliche Gehirn so programmiert, dass schreckliche Erlebnisse im Laufe der Zeit mehr und mehr in der Schublade des Vergessens abgelegt werden. Sie lassen schlimme Zeiten weniger schlimm erscheinen;

erfreulicherweise sind wir Menschen so gepolt. Es ist wirklich erstaunlich, was ein Gehirn alles behält; aber auch, was es alles vergisst. Ich weiß jedoch, dass ich damals in meinen Feldpostbriefen an gute Bekannte und an meinen alten Lehrer die Wirklichkeit des grausamen Krieges sogar recht ausführlich beschrieben habe. Es waren immer sehr lange, detaillierte Schreiben. Solche Briefe hatte ich allerdings meiner Mutter nie geschickt, um ihr keine zusätzlichen Sorgen zu bereiten. Ähnlich ergeht es mir jetzt auch mit der Nazizeit, die ich damals bis in alle Einzelheiten hasste und verachtete. Heute betrachte ich sie nüchtern und real, sehe sie nur noch als furchtbares geschichtliches Desaster an, ohne jedoch emotional etwas dabei zu empfinden.

Doch zurück zu den Kampfhandlungen und zu den damit verbundenen Themen. Immer wieder fanden zwischenzeitlich einzelne kleinere Gefechte statt. Es wurde ja nicht ständig geschossen, wenn aber doch, dann plötzlich und heftig, meistens unverhofft, selten vorhersehbar. Bei unseren täglichen Märschen hatten wir wenig Feindkontakt, nur ab und zu gab es leichte Störfeuer. Wir befanden uns ja in der zweiten Frontreihe. Wenn an der ersten, der vorderen Front harte Gefechte stattgefunden hatten, lagen an der Rollbahn tote russische Soldaten, die zur Seite geräumt worden waren, teils ohne Arme, Beine, kopflos. Es war ein schauderhafter Anblick, an den ich mich aus naturbedingtem Selbstschutz bald gewöhnte. Ich stumpfte ab und nahm mein Umfeld nur noch empfindungslos wahr. Anders war das allerdings bei gefallenen Soldaten der eigenen Einheit. Einen toten Kameraden brachten wir zur nächsten Etappe, um ihn dort in allen Ehren zu beerdigen. Die Kompanie trat dann geschlossen am Grab an, der Feldgeistliche sprach den Abschiedssegen, dann feuerten wir eine Gewehrsalve über ihn ab. Jeder Soldat hatte eine Blechmarke mit seiner Identitätsnummer umgehängt. Der untere Teil der Marke wurde abgebrochen, dem Gefallenen entnommen und militärisch ordnungsmäßig den Personalakten zugeordnet. Ordnung muss schließlich sein!

Ich hatte gelernt, dass Granaten, die man mit pfeifendem Ton hörte, vorbeifliegen. Wenn sie jedoch nahezu lautlos sind, schlagen sie ganz in der Nähe ein. Durch unsere Funkstation wurden wir sehr oft angepeilt und von der Artillerie beschossen. Automatisch wirft man sich dann augenblicklich auf die Erde. Es passierte häufig, dass ohne Vorwarnung eine Granate mit ohrenbetäubendem Knall neben uns einschlug, Sand und Splitter rauschten vorbei, ein großer Granattrichter wurde danach sichtbar. Ich hatte jedoch stets riesiges Glück und wurde nicht getroffen; andere wurden schwer verwundet.

Eines Tages befand ich mich allein auf einem freien Feld. Die Russen feuerten ihre Stalinorgeln auf uns ab. Die Einschläge hörte man schon von Weitem. In kurzen Abständen kamen sie immer näher, plopp, plopp, plopp. Ich lag flach auf der Erde. Plötzlich ein mächtiger Knall neben mir. Ich wurde durch den Luftdruck etwa 50 Zentimeter hochgehoben. Als ich wieder unten lag, fand ich meinen Karabiner neben mir halbiert, von einem Granatsplitter zerschlagen. Mir war nichts passiert – wieder mal hatte ich gewaltig Glück gehabt!

Ein anderes Mal beobachtete ich ein russisches Jagdflugzeug in der Ferne. Ich war weit und breit allein; da musste der Pilot mich wohl entdeckt haben. Er flog direkt auf mich zu, feuerte seine Salven auf mich ab. Ich konnte mich gerade noch hinter einer Wand verkriechen, da brauste er an mir vorbei. Solche Erlebnisse vergisst man eben nicht.

Die deutsche Luftwaffe setzte bei ihren Angriffen die Stukas (Sturzkampfbomber) ein. Ihr Sturzflug wurde von einem schrecklichen Sirenengeheul begleitet, das beim Gegner eine furchterregende Wirkung auslöste. Eine ähnliche psychologische Waffe, äußerst raffiniert sogar, hatten sich die Russen ausgedacht, und sie war außerordentlich wirkungsvoll. Nacht für Nacht kreiste pausenlos ein alter Eindecker mit tackerndem Geräusch über der Front – nicht sichtbar, aber weit hörbar. Ständig hörten wir sein nervenaufreibendes „tack, tacktack, tack". Dieses Geknatter wurde bei uns „Dreschmaschine" genannt. Der russische Flieger suchte die Gegend nach Truppen, Gefechtsstellungen oder Militärfahrzeugen ab. Sobald er ein mögliches Ziel entdeckt hatte, stellte er den Motor ab, ging im Gleitflug hinunter und warf dann gezielt seine Bombe ab. Für uns hörte sich das in völliger Dunkelheit so an: erst stundenlanges, nächtliches Tackern – plötzliche Stille – kurz darauf eine mächtige Detonation – dann wieder weiteres Tackern. Das ereignete sich jede Nacht, ohne Unterbrechung, bis zur Morgendämmerung. Wir wussten nie, wo und wann er seine tödliche Ladung abwarf. Es ging schrecklich auf die Nerven und hatte überdies eine starke psychologische Wirkung. Durch diese feindlichen Aktionen gab es viele Verluste, wir verloren im Laufe der Zeit so manchen Kameraden.

Eines Tages machte während unseres Rückzuges eine Parole die Runde, dass ein Verpflegungsdepot aufgegeben werden müsse. Damit es nicht in feindliche Hände fiele, sollte es gesprengt werden. Wie ein Lauffeuer verbreitete sich diese Nachricht. Wir erkundeten den Ort, an dem sich das Depot befand, und liefen so schnell wir konnten dorthin, um noch rechtzeitig vor der Sprengung vor Ort zu sein. Dort angekommen, staunten wir nicht schlecht über die Fülle der dort lagernden Lebensmittel. Wir plünderten, soweit wir konnten, die vollen Lager. Unser Koch versuchte möglichst viele Lebensmittel auf sein Fahrzeug zu schaffen, wir selbst deckten uns mit allem Tragbarem ein. An Ort und Stelle betranken wir uns mit Sekt. Ich stopfte meinen Brotbeutel mit Essbarem voll und füllte meine Feldflasche mit Rotwein. Viel Zeit hatten wir nicht, denn der Russe war nahe. Bei einem nächsten Halt kochten wir uns Kaffee, und zwar echten Bohnenkaffee, den einer von uns mitgenommen hatte. Eine ganze Tüte voll landete in einem erbeuteten Kochtopf, dazu eine Packung Zucker, der Löffel blieb in der Masse stecken. Merkwürdigerweise konnten wir danach sogar gut schlafen. Allzu lange konnten wir uns an dem Beutezug allerdings nicht erfreuen, denn beim mühsamen Laufen unter widrigem Wetter warfen wir sehr bald alles Tragbare, das uns behinderte, ab.

Im Jahre 1944, als wir uns im polnischen Galizien befanden, wurden wir zu einem Partisaneneinsatz eingeteilt. Wir bestanden aus zwei 20 Mann starken Gruppen, jede von einem Offizier geführt. Es hieß, dass sich in den Bergen Partisanen herumtreiben würden. Wir waren alle etwas ratlos, wie wir vorgehen sollten. Also marschierten wir erst einmal los in die bergigen Wälder. Wir durchstreiften in getrennten Abteilungen und in großen Abständen die Waldgebiete ohne jeglichen Erfolg. Keine feindliche Gestalt ließ sich ausmachen. Nach einigen Stunden kamen wir an eine Lichtung. Ich ging aufrecht und ahnungslos hinaus und bekam plötzlich einen mächtigen Schreck. Aus einem Gebüsch am Waldrand zielte ein Gewehrlauf direkt auf mich. Ich stand wie erstarrt. Doch schnell klärte sich der Irrtum auf. Es war ein Soldat der anderen Gruppe, der annahm, dass ich ein Partisan sei. Erleichtert erkannten wir beide die Situation. Anschließend gingen unsere Gruppen gemeinsam zum nächsten

Bergdorf. Dort wurden die Dorfbewohner eindringlich, aber erfolglos befragt. Die Aktion wurde abgebrochen. Wir waren mit Sicherheit nicht dafür geeignet.

## Mein Freund Franz

Bisweilen bekamen wir zur Auffrischung der Truppe Neuankömmlinge aus der Heimat. Einmal war unter ihnen ein etwas schmächtiger, schlanker junger Mann, beheimatet im Erzgebirge. Er stammte aus einer bäuerlichen Familie und sprach einen Dialekt, der sehr sympathisch klang. Wie es damals so üblich war, beschnupperte man sich eine Zeit lang, um zu erforschen, wie der andere wohl eingestellt war. Ob er ein politischer Mensch war, ob er vielleicht ein hundertfünfzigprozentiger Nazi war – herrschsüchtig in seinen Reden – oder ob er ein unpolitischer Mitläufer war, der bereitwillig und gehorsam Befehle ausführte, stets von der Richtigkeit des Geschehens und vom Endsieg überzeugt. Ich beschäftigte mich etwas mehr mit diesem Neuen. Er hieß typischerweise Franz. Man achtete damals ja auf jede Bemerkung des anderen – und sei sie noch so banal –, um herauszufinden, wie seine Einstellung war, wie weit man ihm vertrauen konnte. Ich hatte festgestellt, dass die meisten in unserer Truppe gläubige Befehlsempfänger waren; treudeutsch zwar, aber keine überzeugten Parteigenossen, sondern eher pflichterfüllende deutsche Soldaten. Man konnte gut mit allen auskommen. Bei Franz war das anders. Ich bemerkte, dass er ungern Soldat war und auch sonst wenig Begeisterung für das Geschehen zeigte. Vorsichtig freundete ich mich mit ihm an und fand bald heraus, dass wir die gleiche Wellenlänge hatten. Wenn wir beide allein waren, schimpften wir auf den ganzen Krieg und verfluchten den Führer. Stets, wenn wir zusammensaßen und Gelegenheit hatten, tauschten wir unsere Meinung aus. Als am 20. Juli das Attentat auf Hitler erfolgte, waren wir beide bitter enttäuscht über den erfolglosen Verlauf. Ich war allerdings leicht irritiert, dass das geplatzte Attentat in unserer Truppe nur wenig diskutiert wurde und kaum Beachtung fand. Allerdings wurde von diesem Zeitpunkt an der bis dahin noch gültige militärische Gruß vollkommen abgeschafft und durch den nationalsozialistischen Gruß des Armhebens ersetzt. Im Übrigen ging der Militäralltag jedoch ganz normal weiter.

Eines Tages wurde Franz krank. Er hatte eine schmerzhafte Lungenentzündung bekommen, unter der er lange zu leiden hatte. Soweit es ging, musste er von nun an ständig transportiert werden, teils auf einem verfügbaren Fahrzeug, teils auf einem Panjewagen. Wir befanden uns auf dem Rückzug und unsere Fahrzeugkolonne war dezimiert. An Nachschub herrschte in jeder Hinsicht Mangel. Ich selbst bekam die damals sogenannte „Russenkrankheit“, die mich beim Laufen beeinträchtigte. Mein rechtes Bein war stark geschwollen, sodass ich mir keinen Schuh mehr anziehen konnte. Also versuchte ich, mit einem ergatterten Filzstiefel leidlich zu gehen. Es war recht mühsam, ich hatte Schwierigkeiten, mit der Kolonne Schritt zu halten. Für die Truppe waren wir beide demzufolge nichts weiter als lästige Anhängsel, die mitgeschleppt werden mussten. Selbstverständlich kam für uns kein Lazarettaufenthalt in Betracht, erst recht kein Heimaturlaub. Man erwartete eben, dass derartige Blessuren von allein heilen. Doch die Krankheit brachte uns plötzlich und unerwartet Glück. Ein Militärarzt untersuchte uns, fand uns nicht besonders kriegstauglich und überwies uns deshalb nach Zakopane in ein Heeres-Erholungszentrum. Dort sollten wir uns auskurieren und erholen.

Wir erhielten die erforderlichen Papiere und wurden nach Polen in Marsch gesetzt. Zakopane, nahe an der Hohen Tatra gelegen, war bereits zu Kaisers Zeiten ein beliebter Kurort und er ist es heute wieder. In friedlicher, wunderschöner Landschaft fühlten wir uns nun wie im Paradies. Wir bekamen gut zu essen, wurden medizinisch behandelt und konnten uns bei Spaziergängen an der herrlichen Natur erfreuen. Mit allen möglichen Übungen und sportlichen Betätigungen wurden wir wieder fit gemacht. Nach knapp drei Wochen wurden wir als geheilt entlassen und zu unserer Truppe zurückgeschickt. Dort angekommen, durften wir nun wieder am Rückzug teilnehmen. Ich blieb noch einige Monate mit Franz zusammen, wir hassten weiterhin das Militär, den ganzen Krieg und Hitler. Franz' Versetzung zu einem anderen Truppenteil trennte uns dann.

Nach Kriegsende versuchte ich noch Verbindung mit Franz in seiner Heimat aufzunehmen, erfuhr jedoch von seinen Verwandten, dass er in französischer Gefangenschaft gestorben war. Er hielt die Strapazen dort in dem Lager einfach nicht aus. Es war für mich eine sehr traurige Nachricht.

## Der Nachrichtendienst

In unserer Division, der 168. Infanteriedivision, gab es auch eine Fernsprechkompanie, die für die Telefonverbindungen zu sorgen hatte, die Leitungen verlegen und Anschlüsse herstellen musste. Verbindungen zum Gefechtsstand, zu den Kompanien und den einzelnen Abteilungen mussten miteinander und untereinander funktionieren. Oft wurden die Leitungen durch Granatfeuer, Fliegerangriffe oder Feindeinwirkungen unterbrochen, sodass keine

Kommunikation stattfinden konnte. Kraftradmelder fielen ebenfalls aus. Dann waren wir als Funkabteilung gefordert. Ich war ja in der Anfangszeit als Tornister-Funker bei der Kampftruppe eingesetzt, was mir allerdings gar nicht gefiel. Es gelang mir im Laufe der Zeit jedoch, über die Nachrichtenkompanie zum Regiment und schließlich zum Divisionsgefechtsstand aufzurücken. Dort wurde ich für den Funkdienst eingesetzt. In einem sogenannten Funkwagen – einem Fahrzeug, das extra für Zwecke des Funkverkehrs ausgestattet und gebaut war – befanden sich alle erforderlichen technischen Geräte und dort war auch Platz für unsere Tätigkeit als Funker. Wir hatten unseren Dienst in der Regel immer zu zweit auszuführen und hörten die Funkfrequenzen ständig ab, bis wir auf Signale stießen. Oft kamen Nachrichten von benachbarten Einheiten oder auch von höheren Dienststellen. Die verschlüsselten Morsezeichen wurden in Fünferkolonnen aufgeschrieben, mit der bekannten Enigma-Maschine entschlüsselt und auf schnellstem Wege an die jeweilige Führung weitergeleitet. Für die Verschlüsselung gab es in wöchentlichen Abständen stets neue Walzen. Diese Art der Verschlüsselung galt lange Zeit als absolut sicher, bis sie in der Mitte des Krieges vom englischen Geheimdienst doch noch geknackt werden konnte. Die Geräte wurden beim anfänglichen Vormarsch und beim geordneten Rückzug sorgfältig gepflegt und bewacht. Beim ungeordneten Rückzug, um nicht zu sagen auf der Flucht, wurden sie zerstört und als Trümmerhaufen zurückgelassen.

Sehr oft bekamen wir unsere Meldungen von einem Aufklärungsflugzeug. Stundenlang überflog es das Gebiet der russischen Stellungen und gab seine Berichte über Funk an uns weiter. Die Meldungen übergaben wir unseren Dienststellen. Wenn häufige Nachrichten dann hießen: „Eine Lok unter Dampf“ oder „Ein Lkw auf der Rollbahn in Richtung sowieso“ oder auch „Keine Besonderheiten festgestellt“, wussten wir, dass der Russe einen Großangriff vorbereitete und alle Bewegungen der russischen Truppen gut getarnt in der Nacht erfolgten.

Der Nachtdienst war für uns besonders interessant. Ich meldete mich dazu, so oft es möglich war. Das hatte seinen besonderen Grund: Im Funkwagen waren nämlich zwei Empfangsgeräte eingebaut, die wir mit Kopfhörern abhörten. Es war fast schon ein offenes Geheimnis in unserem Vier-Mann-Trupp, dass wir mit dem einen Gerät die Funkfrequenz unserer Nachrichtenstellen abhörten, auf dem anderen Gerät aber Musik. Meistens hatten wir jedoch den streng verbotenen „BBC-Sender London“ eingestellt. Zu bestimmten Nachtzeiten hörten wir dann das „Bum, bum, bum, hier ist der Londoner Rundfunk mit Nachrichten“. Auf diese Weise erfuhren wir die Ergebnisse der Jalta-Konferenz, die Reparationsplanungen der Alliierten nach dem Krieg und die Landung in der Normandie. Über den fortschreitenden Frontverlauf der feindlichen Landungstruppen war ich daher immer bestens unterrichtet. Täglich erfuhr ich auf diese Weise, ob die Operationen der Alliierten erfolgreich verliefen. In Andeutungen erzählten wir in kleinem Kreise die neuesten Meldungen, wohl wissend, dass der andere verbotenerweise ebenfalls heimlich den Feindsender abhörte. Offiziell hörten wir natürlich die siegbetonten Frontnachrichten unserer Reichssender. Schließlich waren wir ja eine kämpfende Truppe, die zur Verteidigung des Vaterlandes an der russischen Front ihre Pflicht erfüllte. Nach meiner damaligen Einschätzung glaubte in der Spätzeit des Krieges etwa nur noch die Hälfte von ihnen an einen Endsieg durch versprochene Wunderwaffen; die anderen hofften auf das Überleben.

# Kriegsalltag an der Front

## Der Alltag

Der Alltag verlief wie ein normaler Tag – sofern man hier überhaupt von „normal“ sprechen kann – in der zweiten Frontreihe: Wir waren ja nicht im direkten Kampf eingesetzt, wie die Infanterie- oder die Panzertruppen. Aber selbst die erste Reihe, die Frontlinie, wechselte ständig zwischen Kampf- und Ruhezeiten. Beim Vormarsch bewegte sich die Armee mit Kampftruppe, Tross und Nachschub vorwärts. Das erlebte ich eigentlich nur einmal im Sommer und Herbst 1942. Die übrige, spätere Zeit bestand aus teils geordnetem, teils ungeordnetem Rückzug. Beides machte ich zur Genüge mit. Die täglichen Marschziele betrugen in der Regel 25 bis 30 Kilometer. Die latschten wir in unterschiedlichen Gruppen bei Wind und Wetter, bei größter Hitze oder eisiger Kälte, durch Staub, Schlamm oder Schnee hin zu den jeweils vorgegebenen Zielen, oft etliche Tage hintereinander, aber auch abgelöst von tage- oder wochenlangen Ruhezeiten.

Wenn der Frontverlauf stabil war, wenn also keine wesentlichen Angriffe erfolgten, blieben auch wir für längere Zeit, also mehrere Tage oder auch Wochen, am selben Standort. Das war dann meistens ein Dorf oder eine Ortschaft. Dort wurde uns truppweise für je acht bis zehn Mann eine Hütte oder eine Räumlichkeit zugewiesen. Alles hatte ein Vorauskommando immer perfekt organisiert. Jede Einheit bekam ihre Unterkunft zugeteilt. Mit der zurückgebliebenen Bevölkerung kamen wir ganz gut zurecht. Wasser gab es oft aus Ziehbrunnen, sodass wir uns waschen konnten. Nur sehr selten befand sich ein See oder ein Gewässer in der Nähe. Als Erstes wurde von uns immer eine Klogrube ausgehoben und mit einem Donnerbalken oder, bei ausreichend Zeit, auch mit einem Holzverschlag oder einem Klohäuschen versehen. Einträchtig wurden sie stets von Offizier, Gefreiten oder Soldaten gemeinsam genutzt.

Wir lebten mit der dortigen Bevölkerung in deren Räumen zusammen. Im Winter schliefen die Einwohner gerne auf ihren warmen Lehmöfen, die wir dann aber selbst beschlagnahmten. Die Bewohner verkrochen sich daraufhin anderweitig. Morgens fand der übliche Appell statt, bei dem die Kompanie feldmarschmäßig antrat. Krankmeldungen wurden abgefragt, Gewehre und Geräte kontrolliert, die täglichen Dienste wie Wachposten und Funkdienste eingeteilt und die Fahrzeuge gewartet. Die Feldpost und die Päckchen aus der Heimat wurden verteilt. Meist enthielten die Feldpostpäckchen mühevoll abgesparte Köstlichkeiten aus der Heimat. Besonders begehrt waren dabei Päckchen von Angehörigen, die auf einem Bauernhof lebten, denn sie enthielten schmackhafte Wurst, Schinken und lang entbehrtes Geräuchertes. Selbstverständlich wurde innerhalb eines Trupps alles untereinander aufgeteilt.

Die übliche Verpflegung gab es bei der Feldküche. Das Mittagessen bestand meist aus Brühsuppen, die mit Graupen oder Trockengemüse veredelt waren. Wenn wir Glück hatten, konnte der Koch bei der ärmlichen Bevölkerung ein paar Kartoffeln oder auch schon mal Fleisch organisieren, wobei das unschöne Wort „organisieren“ oft auch die Bedeutung von „stehlen“ oder „unfreundlichem Besitzergreifen“ hatte. Gegessen wurde mit Klappbesteck aus dem Kochgeschirr. Zum Frühstück und für den

Abend gab es ein Stück Kommissbrot und Büchsenwurst. Die Rationen waren recht knapp bemessen, sodass der Magen oft knurrend sein Missfallen ausdrückte. Die Feldflasche füllten wir mit Tee oder Gerstenkaffee. Manchmal bekamen wir auch Schnaps zugeteilt, das war dann reiner, achtzigprozentiger Alkohol. Zum Glück hatten wir einen gelernten Destillateur unter uns, der es verstand, mit organisierten Lebensmitteln Eier- oder Fruchtlikör herzustellen. Dann war immer ein kräftiges Prosit angesagt.

## Endlich Hygiene

Nun war auch genügend Zeit für die tägliche Hygiene. Sie bestand aus einem Jagen blitzschneller Flöhe und dem sorgfältigen Knacken von Läusen, die sich stets rasant vermehrten. Wir hatten bald eine gewisse Geschicklichkeit entwickelt, um den Plagegeistern in kurzer Zeit den Garaus zu machen. Ich zählte dabei gerne meine Abschussliste, bei 50 hörte ich dann mit dem Zählen auf.

Endlich gab es jetzt die Möglichkeit, unsere Unterwäsche zu waschen. Dank unserer fremdsprachbegabten Kameraden erging dann eine meist sogar höflich vorgetragene Bitte an die Matka, solches für uns zu tun. Nicht besonders erfreut kochten sie unsere Wäsche in einem großen Kübel, um sie dann in altbewährter Weise, auf einem Reibebrett schrubbend, zu säubern. Wir konnten die Wäsche wechseln, die Kleidung beim Furier erneuern und, soweit vorhanden, neue Stiefel bekommen. Dabei lernte ich, anstelle von Strümpfen Fußlappen zu benutzen. Wenn sie richtig gefaltet wurden, fand ich das Laufen mit ihnen gar nicht schlecht. Es gefiel mir und ich gewöhnte mich schnell daran. Einmal entdeckten wir sogar ein einsames Sauna-Häuschen. So etwas hatte ich in Russland noch nie gesehen, das war einmalig. Wir nutzten es fachgerecht unter Anleitung eines erfahrenen älteren Landsers und kamen dabei kräftig ins Schwitzen, für mich ein völlig neuartiges Erlebnis, dem ich damals allerdings wenig abgewinnen konnte. In unserer Kompanie befand sich ein gelernter Friseur. In ruhigen Zeiten hatte er reichlich zu tun. Nacheinander konnten wir uns endlich mal die Haare schneiden lassen. Ein Sanitäter überprüfte täglich unseren Gesundheitszustand. Wenn jemand Zahnschmerzen verspürte, musste er zur Zahnbehandlung. Der Zahnarzt bediente einen Bohrer, der von einem Soldaten mithilfe eines Fahrrades pedaltretend in Rotation gebracht werden musste. Das war eine schmerzhafte Prozedur, die ich in jedem Falle zu vermeiden suchte.

In Ruhezeiten stand uns genügend Freizeit zur Verfügung. Briefe an die Lieben daheim wurden geschrieben, die Feldzeitung gelesen, manchmal auch, sofern mitgebracht, kleine Bücher. Bei Gesprächen lernte man sich mehr oder weniger kennen, aber echte Freundschaften entwickelten sich kaum. Vielleicht lag das auch daran, dass wir sehr oft personellen Wechsel durch Neuzugänge oder Abgänge jeglicher Art hatten. Eine beliebte Freizeitbeschäftigung war das Kartenspiel. Manche spielten bei „Siebzehn und Vier“ um Geld, andere aber, darunter auch ich, bevorzugten das Skatspiel. Bei jeder sich bietenden Gelegenheit fanden sich drei oder vier Mann, bereit für diese interessante Beschäftigung. Ich stellte bald fest, dass es darunter viele ausgezeichnete Spieler gab, die den dafür notwendigen Denkprozess besaßen. Sie hockten dann zusammen und droschen ihren Skat mit lautem 18, 20 … und den üblichen, dazugehörenden Sprüchen. Ich habe dabei sehr viel gelernt und wurde bald ein gern gesehener Mitspieler. Das hat mir später viel geholfen. Eine sentimentale Stimmung habe ich während des ganzen Krieges in unserer Truppe eigentlich nie erlebt, jedoch begleitete uns das an sämtlichen Fronten geliebte und viel gespielte Lied der „Lili Marleen“ die gesamte Zeit über.

Sehr oft war in dem weiten, schwach besiedelten Land keine nutzbare Unterkunft für uns vorhanden. Dann suchten wir uns Deckungsmöglichkeiten in Form von Gräben oder Erdlöchern und schliefen auf und mit unseren Zeltbahnen. Bei längeren Aufenthalten mussten wir uns auf Befehl der Heeresleitung Bunker bauen. Geschützfeuer und Fliegerangriffe waren tägliche Routine. Wir mussten sehr tief graben und Holzbalken organisieren, um vernünftige Erdbunker bauen zu können. Unter uns befanden sich handwerklich begabte Leute, die es schafften, in kurzer Zeit immer einen nutzbaren Schutzbunker zu bauen. Solch ein Bunker war für sechs bis acht Leute vorgesehen und bekam zweistöckige Schlafkojen, die mit Stroh oder Heu ausgelegt wurden. Natürlich waren wir nicht die einzigen Bewohner. Neugierige Feldmäuse tummelten sich ebenfalls in dieser Behausung und interessierten sich neugierig für die ihnen unbekannten Nachrichtengeräte. Im Großen und Ganzen waren sie jedoch friedliche Mitbewohner, wenn auch manches Mal recht aufdringlich. Wir scheuchten sie auf und versuchten vergeblich, sie zu verjagen. Also lebten wir vereint mit diesen Lebewesen zusammen. Als ich eines Morgens aufwachte, stellte ich fest, dass ich zwei freche Mäuse unter meinem Rücken totgedrückt hatte. So weit ging die Liebe dann doch nicht. Wenn wir nach ein, zwei Wochen einen anderen Standort zu beziehen hatten, mussten wir traurig unseren mühevoll erbauten Bunker zurücklassen, um bei der nächsten Etappe wieder einen neuen zu bauen.

## Thema Nr. 1

Wie verhielten wir uns nun miteinander, wie sprachen wir untereinander? Bereits in der Rekrutenzeit wurden wir in die sogenannte Kommiss-Sprache eingeweiht. Sie war deftig, teils sogar zotenhaft. Befohlene Liegestütze beispielsweise hießen Ehestandsübungen. Das war noch harmlos, das meiste habe ich total vergessen. An der Front, in Russland, war die Sprache, mit der wir uns unterhielten, bei Weitem nicht so zotenhaft barsch, aber dennoch robust. Erstaunlich war, dass kaum ein Tag, kein Beisammensein verging ohne das allseits geliebte Thema Nr. 1. Es bestand hauptsächlich aus unanständigen beziehungsweise schlechten Witzen, die der erotischen Fantasie jede Menge Spielraum ließ, und zwar in allen Variationen, von harmlos bis deftig. Es war schon bewundernswert, welche Menge derartiger Witze ständig neu produziert wurde. Thema Nr. 1 war eben die Nummer eins und wurde auch als solches bezeichnet. Ich konnte nach Kriegsende zu Hause jede Menge solcher Witze von mir geben, sie sprudelten pausenlos aus mir heraus. Dabei habe ich heute alle total vergessen, ich wüsste keinen mehr zu erzählen. Sehr verwundert war ich allerdings, dass nach dem Krieg die Frauen, egal welchen Jahrgangs, regelrecht süchtig danach waren, selbst diejenigen, die ich als korrekt und züchtig eingestuft hatte. Sie ließen es an Derbheit und Wissenserfahrung nicht fehlen, ich konnte fast noch von ihnen lernen. Natürlich war es unter uns jungen Leuten, Jungen und Mädchen, oder auch im Bekanntenkreis durchaus gängige Unterhaltung. Ein „Me too“ gab es da noch nicht.

Anders verhielt es sich dagegen mit politischen Witzen. Die waren absolut streng verboten. Im schlimmsten Falle konnte man sogar im Gefängnis landen. Unter uns Soldaten wurden so gut wie gar keine politischen Witze erzählt, höchstens mal harmlose, und diese auch nur andeutungsweise. Anders verhielt man sich allerdings im Heimaturlaub bei Gesprächen mit Bekannten oder vertrauensvollen Zivilisten. Dort erfuhr man dann immer die neuesten Witze über Nazi-Größen wie Göring oder Goebbels, aber stets flüsternd und mit vorgehaltener Hand. Über Hitler selbst gab es keine Witze, das traute sich niemand. Für die einen war er eben eine beinahe göttlich zu verehrende Gestalt, für andere ein gehasster Verbrecher, für die meisten jedoch wohl nur „Unser Führer".

## Heimaturlaub

Worauf wartet man als Landser bei alledem? Man wartet auf den Heimaturlaub. Ich natürlich auch, und zwar ganz besonders. Als unverheirateter, kinderloser Soldat bekam man im Allgemeinen erst nach anderthalb Jahren Urlaub von der Front. Für mich war es ersehnte Freiheit. Ich hasste zeit meines Lebens den Zwang. In der NS-Zeit wurde ja so gut wie alles befohlen, jede Kleinigkeit angeordnet. Bereits als Jugendlicher erlebte ich im Haus den sogenannten Blockwart, der spionierte und denunzierte. Auf der Straße und in Geschäften hieß es statt „Guten Tag" nur noch „Heil Hitler". Ich lief unterwegs stets mit Händen in den Hosentaschen und entzog mich damit einer erwarteten strammen Haltung. Das war für mich ein freies Gefühl. Als Soldat war ich dann wieder eine der vielen Ameisen, die auszuführen hatte, was befohlen wurde. Wir wussten als einfache Soldaten nie so richtig, wo wir uns befanden, wie lange wir bleiben mussten, wohin uns das nächste Ziel brachte. Unser Gruppenführer, meist ein Uffz., bekam den Befehl vom Wachtmeister oder vom Leutnant, dieser wiederum per Meldung vom Regiments- und vom Divisionskommandeur. Wir lebten von einem auf den anderen Tag, ohne viel zu denken, höchstens zu hoffen. Der Tag begann mit Appellen und Antreten. Von der Schreibstube, vom gehassten „Pummel", kamen die Diensteinteilungen, die Versetzungen und schließlich auch die ersehnten Urlaubsbewilligungen.

Ich habe meine Urlaube in jugendlichem Leichtsinn viermal trickreich erheblich verlängern können. Es war nicht einfach, aber ich schaffte es dennoch. Ich war sogar stolz darauf, dass es mir gelang, die militärische Bürokratie immer wieder listig zu täuschen. Ich hatte allerdings riesiges Glück, dass ich dabei nicht erwischt wurde. Der Gestapo sei Dank. Heute würde ich mir so etwas nicht mehr zutrauen und wundere mich immer noch, dass ich damals als „Fahnenflüchtiger" überlebt habe. Ich möchte berichten:

Erster Heimaturlaub: Ich durfte nach eineinhalb Jahren meinen ersten Urlaub antreten, gemeinsam mit den beiden Pommern, die von Anbeginn mit mir in einer Kompanie waren. Mit dem Urlaubsschein im Gepäck ging es zu Fuß, per Lkw und Bahn nach Kielce, einer polnischen Stadt. Dort befand sich das Sammelzentrum für alle Urlauber, dort bekamen wir die notwendigen Papiere ausgehändigt und Auskünfte für die Züge in unsere Heimatorte. Ich fuhr mit dem Zug nach Berlin, meiner geliebten Heimatstadt. Unser Haus in der Rathenower Straße stand noch, es befand sich trotz einiger Fliegerangriffe in leidlich gutem Zustand. Die Wiedersehensfreude meiner Mutter und Großmutter war riesig. Ich besuchte Freunde, ging ins Kino und war froh, in häuslicher Gemeinschaft wieder ruhig schlafen zu können.

Die Zeit von 14 Tagen verging wie im Fluge. Ich musste wieder zurück an die Front. In Kielce wurden die zurückgekehrten Urlauber auf den Weg zu ihren Truppenteilen gebracht. Die Urlaubsscheine wurden abgestempelt und die Daten im Soldbuch eingetragen. Ich traf dort die beiden Pommern aus meiner Kompanie. Da überkam es mich; ich hatte einfach keine Lust zurück zur Truppe zu fahren und sagte einfach zu den beiden: „Fahrt ihr mal zur Truppe, ich mag nicht, ich fahre zurück." Die zwei nahmen das zwar verwundert, aber kommentarlos zur Kenntnis und fuhren an die Front zurück. Ich jedoch nahm den Zug in Richtung Heimat.

Mein Urlaubsschein war noch nicht abgestempelt. Jung und arglos wie ich war, dachte ich nicht im Traum daran, dass ich ja nun fahnenflüchtig war. Im Zug nach Berlin schloss ich mich erst mal auf der Toilette ein. Nach anderthalb Stunden mit langen Überlegungen suchte ich den Zugoffizier auf, meldete ihm, dass ich mein Soldbuch in Kielce meinen Kameraden zum Eintrag mitgegeben hätte, in der Annahme, sie im Zug wiederzutreffen. Der Zugoffizier zeigte sich erstaunt, aber sagte nur: „Da sehen Sie mal zu, wie Sie Ihr Soldbuch zurückbekommen."

So fuhr ich durch Schlesien bis nach Berlin. An der Ausgangssperre des Lehrter Bahnhofs kontrollierten zwei Feldgendarme die Papiere. Ich überlegte, wie ich an ihnen vorbeikommen könnte, tat ganz unschuldig, fragte nach irgendwelchen Straßen und wie ich dort hingelangen könne. So verwickelte ich sie in ein Gespräch, bedankte mich für die Auskunft und ging stracks an ihnen vorbei. Frech fuhr ich von zu Hause aus nach Karlsdorf aufs Land. Dort erzählte ich zu deren Verwunderung, dass ich noch zehn Tage Nachurlaub hätte. Natürlich hatte ich für diese Zeit keine Verpflegungskarten, aber ich war ja in Karlsdorf in einer Bauernfamilie und brauchte daher nicht zu hungern. Nach den zehn Tagen fuhr ich über Berlin nach Kielce, ließ meinen Urlaubsschein abstempeln und mich zu meiner Truppe auf den Weg bringen. In meinem Soldbuch änderte ich die Urlaubszeit geschickt von 14 auf 24, eine Fälschung, also damit wieder eine strafbare Handlung.

Unsere Kompanie hatte nach erneutem Rückzug einen anderen Standort. Dort meldete ich mich zurück. Ohne weitere Nachfragen waren alle froh, dass ich wieder zurück war und Posten schieben konnte. Mein Soldbuch wies ja meine somit bewilligte Urlaubszeit aus. Wenn ich darüber heute schreibe und dabei über mein damaliges Handeln in jugendlicher Unvernunft nachdenke, wird mir noch immer mulmig. So unwahrscheinlich es auch klingen mag, aber es geschah tatsächlich so.

Zweiter Heimaturlaub: Nun war ich auf den Geschmack gekommen. Ich erhielt die Nachricht, dass wir ausgebombt waren. Dafür gab es im Allgemeinen Sonderurlaub, denn das war das Mindeste, was für die Moral in der Truppe getan werden musste. Also erhielt auch ich meinen mir zustehenden Bombenurlaub und fuhr wieder über die Urlaubersammelstelle Kielce mit dem Zug nach Berlin. Der Bombenkrieg hatte bereits viele Städte zerstört und nun auch Berlin erreicht. Ich sah erschrocken die Trümmer unseres Hauses in der verwüsteten Rathenower Straße. Vorsichtig kletterte ich über Mauerschutt und verkohlte Holzbalken und suchte, ob noch irgendwelche Gegenstände aus unserer Wohnung auffindbar wären, jedoch vergeblich.

Die Urlaubsscheine für Ausgebombte wurden in der Berliner Kommandantur ausgestellt. Üblicherweise gab es zwei Wochen Bombenurlaub. In Berlin waren durch Fliegerangriffe ganze Viertel zerstört und total verwüstet. Dementsprechend waren viele

Soldaten angereist, um ihren Urlaub zu erhalten und nach Angehörigen zu suchen. Sie fehlten der Front also. Daher ordnete die Kommandantur auf höhere Weisung an, sämtlichen Ausgebombten nur noch zwei Tage Urlaub zu erteilen. Das war mir zu wenig. Meine Großmutter war bei einem Angriff gestorben, meine Mutter war zu ihrer Tante nach Fürstenwalde gezogen. Ich beantragte meinen Urlaub deshalb nicht in Berlin, sondern fuhr einfach nach Fürstenwald.

Dort konnte ich nun freudig meine Mutter in die Arme nehmen. Ich begab mich auf ein Polizeirevier, das für Anträge und Formulare zuständig war, und traf auf eine nette, freundliche junge Dame, die derartige Anträge bearbeitete. Ich erklärte ihr, dass wir ausgebombt seien und ich zwei Wochen Sonderurlaub zu beanspruchen hätte. Mit netten Worten diktierte ich ihr die erwünschten Daten, die sie dann pflichtgemäß einsetzte und abstempelte. Auf diese Weise hatte ich also meine zwei Wochen Urlaub doch noch bekommen. Als ich zur Truppe zurückkam, erlebte ich ein mächtiges Durcheinander, der Rückzug der Front war in vollem Gange.

Dritter Heimaturlaub: Im letzten Kriegsjahr bekam auch ich endlich den mir zustehenden zweiten regulären Heimaturlaub. Das war also nach der Ausbombung in Berlin. Ich wusste, dass meine Mutter nunmehr bei einer ihrer Tanten lebte, und beantragte deshalb vorsorglich zwei Urlaubsorte, denn wir mussten immer unsere Urlaubsadresse angeben. Also gab ich Fürstenwalde und Schwedt an. Meine Mutter wohnte inzwischen in Schwedt bei ihrer Tante, die dort das Schützenhaus mit einem großen Bierlokal betrieb. Wie in den meisten Kleinstädten üblich, war das der allgemeine Treffpunkt. Die Soldaten des Standortes trafen sich dort regelmäßig. Es wurde jede Menge Bier ausgeschenkt. Meine Mutter war daher voll beschäftigt. Ich half selbstverständlich ebenfalls aus und brachte die vollen Biergläser an die Tische, denn Personal war ja knapp. In Kriegszeiten brummte der Laden mächtig.

Die freie Zeit nutzte ich öfter für Kinobesuche und sah mir die neuesten Filme an. Prompt kamen während einer Vorstellung zwei Melder. Mit lauter Stimme riefen sie im voll besetzten Kino: „Gefreiter Busche, sofort melden!“ Natürlich schwieg ich, denn ich hatte keine Lust, vorzeitig an die Front zurückzumüssen. Sie hatten auch bei meiner Mutter nach mir gefragt. Böses ahnend, hatte ich ihr gesagt, sie möge antworten, dass ich vielleicht nach Fürstenwalde, in meinen anderen Urlaubsort gefahren sei. Zum Glück wurde nun nicht mehr weiter nach mir gesucht, vielleicht war die Prozedur zu aufwendig. Wie ich später erfuhr, wurde ich für eine Offiziersausbildung gesucht. Auf diese Weise war ich (zunächst) einem Lehrgang und einem vorzeitigen Urlaubsende entgangen.

In Schwedt lernte ich durch meine Tante ein Mädchen mit ihrer Mutter kennen. Die Mutter war bei der Post im Telegrafenamt beschäftigt. Sie mochte mich, vor allem, weil ich mich ausgiebig mit ihrer Tochter beschäftigte, wie es eben in Kriegszeiten gang und gäbe war. Ich unterhielt mich oft und gerne mit ihr. Dabei kam mir die Idee, sie zu fragen, ob sie die Möglichkeit hätte, offizielle Diensttelegramme zu versenden. Als sie das bejahte, besprachen wir, gemeinsam mit meiner Mutter, einen außergewöhnlichen Plan. Sie sollte versuchen, mir bei passender Gelegenheit ein Telegramm zu schicken, mit der Mitteilung, dass ich ausgebombt sei. Das würde zwar stimmen, hatte sich dann aber schon einige Zeit früher ereignet. Meinen sogenannten Bombenurlaub hatte ich ja bereits erhalten. Mein Urlaub ging zu Ende, ich fuhr mit diesen Gedanken zurück zur Truppe.

Vierter Heimaturlaub: Nach einigen Monaten – ich befand mich, inzwischen bereits als Offiziersanwärter, in unserer Garnison in Kattowitz – erinnerte ich mich an unser Gespräch in Schwedt. Ich schrieb meiner Mutter per Feldpost, dass sie mit Frau X (der Name ist mir entfallen) Verbindung aufnehmen solle, um sie zu bitten, mir ein offizielles Telegramm zu schicken mit dem Inhalt, dass wir ausgebombt seien. Gesagt, getan! Beim morgendlichen Appell wurde ich aufgerufen und erhielt nun die Nachricht von unserer (angeblich) erneuten Ausbombung. Ich sollte mich auf der Schreibstube zwecks Urlaubs melden. Mir war gar nicht wohl dabei, denn ich befürchtete, dass mein Feldpostbrief, wie seinerzeit üblich, von der Gestapo gelesen worden war und die Aktion vielleicht aufgeflogen sein könnte. Forsch erklärte ich daher, ich würde lieber dem Vaterland dienen und auf Urlaub verzichten. Die erstaunliche Antwort war, dass mir der Urlaub zustände und ich ihn nehmen solle. Ich erhielt meine Urlaubspapiere, meldete mich vorschriftsmäßig ab und fuhr, immer noch etwas beunruhigt, aber dennoch froh, zu meiner Mutter nach Schwedt. Auf der dortigen Kommandantur erhielt ich zehn Tage Sonderurlaub. Natürlich verbrachte ich die Tage freudig mit dem Mädchen und ihrer Mutter. Das also war mein vierter, eigentlich wiederum unerlaubter Urlaub. Wir schrieben uns auch weiterhin viele Feldpostbriefe, bis die Kriegsereignisse keine weitere Verbindung zuließen. Leider habe ich nach dem Krieg nichts mehr von den beiden gehört.

# Offiziersausbildung

## Lehrgang

Jetzt hatte es mich also doch noch erwischt! Lange Zeit hatte ich mich, wie auch etliche andere meiner Freunde, einer Ausbildung zum Offizier verweigert, bei Anfragen und Aufforderungen stets eine Offiziersausbildung abgelehnt. Das konnte man bis dahin sogar noch. Ich wollte nicht unbedingt bei der Infanterie als Kanonenfutter enden. Im Spätherbst 1944 war es mit einer Weigerung jedoch vorbei. Ob ich wollte oder nicht, ich wurde zur Offiziersausbildung abkommandiert. Es wurden dringend junge Offiziere für die vordere Front benötigt, zu viele waren bereits gefallen. Mit mir wurden noch vier andere Abiturienten meiner Kompanie angefordert. Die Organisation im damaligen Staat war perfekt. Über jeden Einzelnen wurde gewissenhaft Buch geführt, man war eine willenlose Nummer, die Befehle entgegenzunehmen hatte, um bei Bedarf überall eingesetzt zu werden. Ich fühlte mich eben wie eine kleine Ameise in einem riesigen Haufen, die ständig funktionieren musste.

Wir wurden in unsere Garnison nach Kattowitz geschickt, um dort zum Offizier umgeschult zu werden. Wir waren 20 Offiziersanwärter, wurden in Planung, Taktik und Waffen unterrichtet, lernten den Umgang und das Schießen mit der Pistole. Eine gründliche ideologische Schulung gehörte selbstverständlich dazu. Ich erinnere mich noch genau an einen solchen Kursus. Wir sollten Situationen und Diskussionen erfinden, die unbedarfte

Bürger stellen könnten und die von uns politisch widerlegt werden sollten. Gewitzt erfand ich beispielsweise gespielte Fragen nach dem Sinn einer Armee, was jedoch als Unsinn abgetan wurde. Ich traute mir ähnlich unsinnige Fragen mit entsprechenden Antworten zu, die zu meiner Verwunderung geduldet wurden. Tagelang wurden wir in nationalsozialistischem Denken geschult und in Theorie ausgebildet.

## Frontbewährung

Nach vierwöchigen Ausbildungskursen wurden wir zur sogenannten Frontbewährung abkommandiert. Wir fragten uns zwar nach dem Sinn dieser Anordnung, denn wir hatten ja schon mehr als zwei Jahre Fronterfahrung hinter uns; es war aber nun mal im Ausbildungsplan vorgesehen und der musste eingehalten werden. Wir wurden in die Karpaten verlegt, sollten dort eine Passhöhe verteidigen und hatten dazu einen Unterstand mit ein paar Schützengräben zu beziehen. Dort waren wir ununterbrochen stundenlangem Granatbeschuss ausgesetzt. Ständig bearbeitete die russische Artillerie unsere Stellung. Uns blieb nichts weiter übrig, als in den Schützengräben Deckung zu suchen. Feindliche Truppen waren nicht auszumachen. Mit Ausnahme von gegenseitigem Artilleriefeuer ereignete sich für uns nichts. Zum Glück hatten wir keine Verluste. Nach etlichen Tagen wurde die Stellung aufgegeben und wir aus der Gegend abgezogen. Ich war sichtlich erstaunt über die Schönheit dieser Gebirgslandschaft, für mich ein ganz neues Erlebnis. Es weckte in mir den Wunsch, in Friedenszeiten einmal hierher zurückzukehren. Der Wunsch blieb allerdings unerfüllt. Schade.

Nach langer Fahrt auf einem Lkw wurden wir in eine waldige Gegend verlegt. Es herrschte Dauerregen mit Temperaturen um die null Grad. Unser Trupp war für den Einsatz an einer tiefen Waldschlucht vorgesehen. Wir lagen auf der einen Waldseite, die Russen auf der gegenüberliegenden Seite. Gegenseitiger Beschuss durch Granatwerfer war an der Tagesordnung. Viel mehr ereignete sich allerdings nicht. Bei strömendem Regen harrten wir tage- und nächtelang völlig durchnässt in unseren Erdlöchern aus. Ich hoffte, dabei eine schwere Erkältung oder eine Lungenentzündung zu bekommen, um von weiteren Einsätzen verschont zu werden. Erstaunlicherweise blieb ich jedoch vollkommen gesund.

## In Polen

Schließlich wurden wir wieder endlose Strecken weit zurücktransportiert, hatten keine Ahnung, wo es nun hinging. Nach tagelanger Fahrt auf Lkws gelangten wir nach Lemberg. Von dort aus brachte uns die Bahn nach Tarnów. In dieser kleinen polnischen Stadt wurden wir neu zusammengestellt. Zu meinem Schreck befand sich bei meiner neuen Gruppe ein Wachtmeister namens Dryander, der als brutaler und harter Hund verschrien war, der seine Leute streng und schroff behandelte. Ich befürchtete für den weiteren Verlauf meiner Ausbildung das Schlimmste. Doch schnell stellte sich heraus, dass dieser Mensch innerhalb seiner Gruppe ein richtig toller Kumpel war, mit dem man durch dick und dünn gehen konnte. Er war von Beruf her Architekt und stammte aus Dresden; wir nannten ihn freundschaftlich „Onkel Dry“.

In Tarnów befanden wir uns ja nun im Hinterland, hier herrschten beinahe friedliche Verhältnisse. Die polnische Bevölkerung lebte unter deutscher Besatzung merklich ungezwungen, war katholisch und fromm. In der Kirche fanden ganz normale Gottesdienste statt. Deutsche Soldaten, die am Kirchenbesuch teilnahmen, wurden erstaunlicherweise nach der Messe von den Polen zum Essen eingeladen. Der katholische Glauben machte es möglich.

Wir waren inzwischen zu Unteroffizieren befördert worden und hatten Trupps von rund 30 Mann zu befehligen. Eingeteilt in einzelne Gruppen wurden wir zur Bewachung von Bahnanlagen abkommandiert. Jeder Trupp hatte eine Strecke von zwei Kilometern zu sichern. In Abständen von 80 Metern musste sich jeder Soldat ein Schützenloch graben und die Nacht über Wache halten. Sprengungen an Bahngleisen durch Partisanen sollten so verhindert werden. Als Gruppenführer hatte ich die Strecke während der Nacht mehrmals abzulaufen und zu kontrollieren, ob jemand von ihnen eingeschlafen war, denn alle waren übermüdet. Da wir eine Ersatztruppe von älteren Soldaten befehligten, konnte das leicht vorkommen. Ich versuchte, die Männer bei meinen Rundgängen durch Gespräche wach zu halten. Ein anderer Gruppenführer verhielt sich besonders übereifrig und meldete einen schlafenden Posten pflichtbewusst dem Feldgericht zur Bestrafung. Ich fand sein Verhalten beschämend. Zum Glück blieb unser Abschnitt von Sabotagen verschont.

## Ungeordneter Rückzug

Die Ostfront bröckelte, die Russen drangen bereits in Ostpreußen vor. Wir befanden uns auf dem Rückzug. Es gab kaum noch Fahrzeuge, wir wurden zur Fußtruppe. Lange Kolonnen von Flüchtlingen aus Ostpreußen mit Pferden und Wagen begegneten uns. Berichte häuften sich, dass Beraubungen und Vergewaltigungen durch russische Soldateska stattgefunden hätten. Es dauerte nicht lange, da schlossen sich die Flüchtlinge unseren Truppen an. Es war ein heilloses Durcheinander von Soldaten und Zivilisten. Erste Auflösungserscheinungen machten sich breit. In ungeordneten Gruppen bewegten sich die Kolonnen westwärts. Zu unserem Trupp gesellten sich bald einige Frauen, die bei uns blieben, mit uns zusammen liefen, aßen und schliefen. Soldaten vermischten sich mit Zivilisten, es war ein merkwürdiger Zustand, ein total chaotischer Rückzug.

Unter uns befand sich ein schmucker junger Soldat, der sich unter den Flüchtlingen ein hübsches Mädchen angelacht hatte. Sie blieb eine längere Zeit bei uns. Beide schliefen mitten unter uns, ungehemmt auf dem einzigen Bett des Raumes, immerhin jedoch dezent unter einer Decke. Es waren schon merkwürdige Zustände, die sich während dieser Rückzugsphase abspielten, ein heilloses Durcheinander während eines Krieges, dessen Ende sich bereits abzeichnete.

In Abständen trotteten wir hin zu nächsten Rückzugszielen, die wir erreichten, bis wir schließlich in unsere Garnison nach Kattowitz verladen wurden. Dort erhielt ich kurze Zeit später meinen oben beschriebenen vierten Urlaub. Als ich nach Beendigung der Urlaubszeit zu meiner Truppe zurückkehren wollte, existierte sie nicht mehr. Der Russe hatte einen Großangriff eingeleitet und die Weichsel überquert. Meine Einheit, die 168. Infanteriedivision wurde dabei restlos aufgerieben. Ich hatte wieder großes Glück gehabt, dass ich dem entgangen war.

## In Crossen

Wir Urlauber wurden neu zusammengestellt. Ich kam an die Oderfront nach Crossen. Dort sollte der nächste russische Angriff abgewehrt werden. Wir warteten in unserer Stellung vorn an der Front auf russische Angriffe, da brach bei unserem Trupp plötzlich Scharlach aus. Um keine weiteren Truppenteile anzustecken, wurden wir in Quarantäne geschickt und in der rückseitigen Stadt einquartiert. Erneut hatte ich also Glück. In der Stadt herrschte Totenstille, die Straßen blieben leer, ein unheimliches Gefühl. Die Zeit verging mit Schlafen und Kartenspiel. Ich hatte Gelegenheit, mein Skatwissen zu vervollkommnen. Einige Einwohner waren noch zurückgeblieben. Wir freundeten uns mit ihnen an. Ich lernte wieder ein nettes Mädchen mit ihrer Mutter kennen und verbrachte sogar ein paar Tage mit ihnen in ihrer Wohnung. Sie wollten dann weiter nach Dresden fliehen. Dort hatten sie Verwandte. Ich ließ mir die Adresse geben, um sie später zu besuchen.

Der Zufall wollte es, dass wir eine verlassene Wehrmachtsschreibstube entdeckten. Alle möglichen Formulare lagen in großer Anzahl herum. Wir waren acht Mann. Da kam einer von uns auf die verwegene Idee, uns einen Marschbefehl nach Dresden auszustellen, denn dort befand sich unsere neue Garnison. Die Unterschrift eines uns bekannten Generals fälschten wir gekonnt. Wir wollten schnellstens von der vorderen Frontstellung weg. Gesagt, getan! Bloß weg! Sicher mit Papieren ausgerüstet, machten wir uns zu Fuß auf den Weg nach Dresden. Es dauerte nicht lange, da wurden wir von einem Offizier, einem sogenannten und gefürchteten „Soldatenklau“, angehalten. Er wollte uns für seine Fronttruppe einkassieren, bezichtigte uns als Deserteure und drohte mit Kriegsgericht. Unser selbst geschneiderter Marschbefehl als achtköpfige, bewaffnete Gruppe überzeugte ihn nach heftiger Diskussion schließlich. Er ließ sich überzeugen, dass wir keine Deserteure seien. Wir durften unseren Marsch fortsetzen.

## In Dresden

Der Weg führte uns durch verlassene Gegenden. Nach einigen Tagen erreichten wir endlich Dresden und fanden ein Trümmerfeld vor. Tags zuvor hatte der schreckliche Fliegerangriff auf die wunderschöne Stadt, Elbflorenz genannt, stattgefunden. Wir sahen verzweifelte Menschen, die in den Trümmern nach verschütteten Angehörigen suchten. Es roch nach Verkohltem und Verwestem. Überall lagen Schutt und Asche. Verzweifelte Menschen irrten herum, suchten nach Überlebenden. Tote, die gefunden waren, brachte man auf Holzkarren zum Friedhof. Mitten in dieser einst so stolzen Stadt stand eine Feldküche, von der aus warme Erbsensuppe an die Bevölkerung ausgegeben wurde. Die Leute wirkten verstört. Wir wurden eingeladen, mit ihnen gemeinsam zu essen, und nahmen es, hungrig wie wir waren, auch gerne an. Bald stellten wir fest, dass nur die Altstadt total zerstört war. Ich suchte noch die mir von dem hübschen Mädchen aus Crossen angegebene Adresse auf, fand aber nur noch ein Trümmerfeld vor. Die Neustadt auf der anderen Elbseite hatte wenig abbekommen. Dort befand sich auch unsere Kaserne, völlig unzerstört, bei der wir uns schließlich meldeten. Irgendwie hatte man uns erwartet, weil wir von dort aus zur Kriegsschule versetzt werden sollten.

Man mag es angesichts der schrecklichen Ereignisse kaum glauben, aber in der Kaserne fand tatsächlich wieder der übliche Kommissalltag statt, mit morgendlichen Appellen und Ausmärschen. Von den Zerstörungen in der Altstadt wurde kaum Notiz genommen, kein Befehl erging an die Kaserne, um mit unterstützenden Aktionen im Trümmerfeld der Stadt zu helfen. Als wir auf einer nahe gelegenen Wiese vor der Stadt die üblichen Feldübungen ausführten, konnten wir die anfliegenden feindlichen Bomberformationen beobachten. Sie flogen unbehelligt ihrem Ziel entgegen. Von uns wollten sie nichts wissen, auch nicht von unserem Kasernengelände. Wir blieben von ihnen verschont und übten weiter Krieg. Mit einem zackigen Lied auf den Lippen marschierten wir in die Kaserne zurück.

Eines Tages wurde eine Nachtübung angesetzt. Es herrschte ungemütlich nasskaltes Wetter. Ich lag mit einem Kameraden, der in Dresden beheimatet war, gemeinsam auf einer Stube. Wir sagten uns beide, dass wir absolut keine Lust auf eine derartige nächtliche Feldübung hätten, schließlich hatten wir das ja in drei Jahren Russland zur Genüge miterlebt. Wir baten deshalb Stubenkameraden beim namentlichen Appell statt unser ein „Hier" zu rufen. Wir selbst hatten uns über die Kasernenmauer verflüchtigt.

Heimlich fuhr ich mit meinem Dresdener Freund zum Haus seiner Eltern, die in der Vorstadt wohnten. Das Elternhaus war nur leicht zerstört. Wir halfen dem Vater beim Ausbessern des beschädigten Daches und waren sorglos und froh, nicht den blöden Nachtdienst mitgemacht zu haben. Doch dann geschah, was kommen musste, wir waren einfach zu naiv. Nach mehr als zwei Tagen unseres Aufenthaltes in ziviler Gemeinschaft kam ein Uffz. unserer Kompanie angeradelt, klingelte an der Tür und sagte nur: „Was habt ihr euch bloß dabei gedacht?" Es ging zurück in die Kaserne zum Rapport beim diensthabenden Kommandeur, einem Hauptmann. Wir hatten uns ja mehr als 48 Stunden von der Truppe entfernt und waren damit fahnenflüchtig. Auf Befragung durch den Hauptmann sagte ich frech: „Wir waren der Meinung, es sei richtiger, der Bevölkerung bei der Beseitigung ihrer Bombenschäden zu helfen, als eine uns hinreichend bekannte Nachtübung mitzumachen." Zum Glück hinterließ diese Formulierung bei ihm Eindruck. Er verzichtete auf eine Meldung beim Kriegsgericht und verurteilte uns zu fünf Tagen verschärftem Arrest. Ich war mir damals gar nicht der Tragweite unseres Handelns bewusst gewesen, wohl deshalb war ich so leichtsinnig gewesen. Schließlich war ich einfach nur froh über den glücklichen Ausgang.

## Im Arrest

In Vorbereitung auf den bevorstehenden Arrest packten wir uns eine Tasche mit warmen Sachen und dicken Büchern. Damit gingen wir zum wachhabenden Uffz. Da wir ja ebenfalls Unteroffiziere waren, konnten wir mit ihm kameradschaftlich reden. Wir erzählten ihm, dass wir am nächsten Morgen für fünf Tage in den Bau müssten und unsere Sachen schon abstellen wollten. Am Vormittag des nächsten Tages traten wir unseren Arrest an. Die Zelle war eine vergitterte Stube, mit einem Tisch, zwei Stühlen und einer Liegematratze. Die Toilette befand sich außerhalb des Raumes und konnte nur nach Klopfzeichen betreten werden. Wir fühlten uns dennoch recht wohl, beobachteten gemütlich durch das vergitterte Fenster, wie die Truppen draußen unter Schneeschauern exerzieren mussten, und lachten uns ins Fäustchen. Wir befanden uns ja in einem beheizten Raum.

Die Zeit verbrachten wir gemütlich lesend mit den Büchern, die wir tags zuvor in unsere Zelle gebracht hatten. Ich nutzte die Möglichkeit, mich mit Tolstoi zu beschäftigen, und schaffte es dabei, die Wälzer „Krieg und Frieden" und „Anna Karenina" zu bewältigen. Am schwarzen Brett prangte inzwischen, für alle lesbar, unsere Strafe. Das war für einen ausbildenden Uffz. seinen Rekruten gegenüber nicht gerade erstrebenswert, denn wir sollten ja als Vorgesetzte vorbildlich dastehen. Deshalb gab es intern den Vorschlag, uns bei der nächstmöglichen Versetzung schnell abzuschieben.

Es dauerte nicht lange, da kam von der Kriegsschule Randers in Dänemark eine Anforderung für zwei Offiziersanwärter. Wir beide wurden daraufhin von der Schreibstube sofort gemeldet und in Marsch gesetzt. Ich hatte also wieder mal Glück, denn die nächsten Abstellungen zwei Wochen später gingen nach Prag und Ungarn. Unsere Kameraden, die dorthin versetzt wurden, mussten am Ende des Krieges schlimme Zeiten durchmachen.

## In Dänemark

Mit dem Zug wurde ich auf Umwegen, an Berlin vorbei, nach Dänemark gebracht. Einen Zwischenaufenthalt in Berlin, den ich in jugendlichem Leichtsinn angepeilt hatte, konnte ich zum Glück nicht ausführen, denn um Berlin wurde bereits gekämpft; das hatte ich überhaupt nicht mitbekommen.

Ende März trafen wir in Randers ein. Obwohl das Ende des Krieges bereits vorhersehbar war, sollte ich also noch zum Leutnant der Infanterie ausgebildet werden. Inzwischen war ich zum Fahnenjunker-Unteroffizier avanciert. Die Ausbildung verlief mit Appellen, Übungen und Vorträgen bei gewohnt militärischem Drill. Unsere Ausbilder behandelten uns korrekt und fast ebenbürtig. Im Übrigen hatten wir in Dänemark ein herrliches, sorgenfreies Leben, für uns ja vollkommen ungewohnt und dazu fernab von jeglichem Kriegsgeschehen. Ab und zu gingen wir ins Umland und kauften uns in nahe gelegenen Dörfern bei den Bauern Eier. Einmal hatte ich dort 30 Eier erstanden, sie roh in mein Kochgeschirr geschlagen, mit Zucker vermischt und allesamt aufgegessen. Es hat vorzüglich geschmeckt und hatte keine Nachwirkungen. Am 30. April mussten wir antreten, unser Kommandeur verkündete kurz und bündig: „Der Führer ist in heldenhaftem Kampf in Berlin gefallen.“ Merkwürdigerweise gab es von niemandem eine nennenswerte Reaktion, nur ein allgemeines Stillschweigen. Die Nachricht berührte uns kaum, wir waren mehr oder minder mit uns selbst beschäftigt, überlegten vielmehr, was uns die Zeit nach dem Krieg wohl bringen würde.

Die Truppen der Nordfront kapitulierten vorzeitig bereits am 2. Mai. Wir verließen Randers und marschierten in geschlossenen Abteilungen bewaffnet durch Dänemark zur deutschen Grenze. Der Marsch verlief friedlich. An der Grenze angekommen, wurden wir von einer englischen Einheit in Empfang genommen und, für uns völlig unverständlich, mit einer Aufgabe betraut. Obwohl noch Krieg war, wurden wir gemeinsam mit britischen Soldaten als Grenzposten eingesetzt. Wir sollten eine Flucht von Soldaten der russischen Wlassow-Armee bei ihrem Abtransport nach Russland verhindern. Diese russische Einheit hatte mit Nazideutschland gegen ihren Staat gekämpft. Wir standen nun also mit geschulterten Gewehren gemeinsam mit den Engländern auf Posten, tauschten Zigaretten aus, rauchten und plauderten miteinander. Es war schon eine recht merkwürdige Situation.

Der schreckliche Krieg und die NS-Zeit waren beendet und ich fragte mich oft, wie es dazu eigentlich kommen konnte. Erst viele, viele Jahre später, ein paar Jahre nach dem Mauerfall, bekam ich zufällig Hitlers „Mein Kampf“ in die Hände. Ich beschäftigte mich aus Interesse mit dem Buch und musste mit Erstaunen feststellen, dass dort fast alles haargenau so beschrieben war, wie es dann später umgesetzt wurde. Konsequent, Schritt für Schritt wurde die Ideologie, wie von Hitler bereits 1923 geschrieben und erdacht, in die Tat umgesetzt. Jeder, der das Buch hatte, konnte damals also Wort für Wort lesen, was von diesem Regime durchaus beabsichtigt war. Nun hatten in der NS-Zeit sehr viele „Volksgenossen“ das Buch zwar erhalten, ich kann mir aber nur denken, dass es von den meisten gar nicht gelesen wurde; teils weil es zu umfangreich war, teils weil es schwer lesbar war. Viele mussten es sogar zwangsweise kaufen oder bekamen es bei ihrer Hochzeit als offizielle Beigabe. Das soll jetzt keine Entschuldigung sein, sondern der Realität eine mögliche Chance geben. Ich erschrak, denn das spätere Geschehen war mit dieser Ideologie doch vorhersehbar. Es hat sich ja tatsächlich fast alles genau so abgespielt, wie es dort geschrieben stand.

# Die Nachkriegszeit

## In Gefangenschaft

Am 8. Mai 1945 war der furchtbare Krieg endlich beendet. Mit Ausnahme einiger weniger gestriger oder auch einzelner unbelehrbarer „Werwölfe“ waren alle heilfroh, ich ganz besonders. Ich war erleichtert, dass ich zu keiner Zeit des Krieges gezwungen war, einen zum Feind umfunktionierten Menschen zu töten.

Wir mussten unsere Gewehre und alle sonstigen Waffen auf einen großen Haufen werfen, wurden mit DDT-Pulver entlaust und erhielten formale Identitätsausweise. In Kolonnen marschierten wir unter freudigem Jubel der deutschen Bevölkerung durch Schleswig-Holstein. Aus allen Fenstern der Häuser, an denen wir vorbeikamen, winkten uns Menschen freudig zu.

Wir erreichten schließlich den Ort Heide. Nahe dieser Kleinstadt befand sich ein ländliches Gebiet mit großen Gutshöfen. Dort wurde die gesamte in Dänemark stationierte Truppe in Gefangenschaft gesetzt und versorgt. Das dörfliche Gebiet wurde von einem deutschen Kommandanten mit seinen Offizieren kontrolliert. Aufsichtspersonal von Engländern bekamen wir nicht zu Gesicht. Diese Gefangenschaft stand also voll unter deutscher militärischer Ordnung.

Ich wurde zusammen mit 15 anderen Fahnenjunkern in einer großen Scheune untergebracht. Wir wussten nicht, was uns die Zukunft bringen würde; wussten nicht, wie und wovon wir leben sollten, ungelernt, ohne Beruf. Doch von nun an wollten wir uns auf den Frieden vorbereiten. Wir erarbeiteten einen Dienstplan nach militärischem Muster mit einem geordneten Tagesablauf. Dabei gab es verschiedene Unterrichtsstunden, in denen uns ältere Kameraden erzählen sollten, wie man sich als Zivilist verhielt und was man dabei zu beachten hatte. So versuchten wir zu erfahren, wie es in einer Ehe zuging und wie man sich dabei verhalten musste. Ein Älterer bemühte sich, uns das Tanzen beizubringen, ein anderer erzählte uns, was so alles bei der Hausarbeit auf einen zukommt. Wir waren ja nach all den Jahren völlig unerfahren, kannten uns im Zivilleben nicht mehr aus. Wir bekamen geregelte Verpflegung aus der Feldküche, die den gegebenen Verhältnissen entsprach. Einmal am Tag mussten wir den gefüllten Toilettenkessel zu zweit auf dem Misthaufen entleeren. Man gewöhnt sich an alles.

Die Tage vergingen, wir fühlten uns eigentlich recht wohl, machten uns jedoch Gedanken über die Zukunft. Denn in all den Jahren davor waren wir ja zu Befehlsempfängern degradiert worden, durften selbstständig nichts entscheiden. In umlaufenden Gerüchten hörten wir, dass es in anderen Lagern viel härter zugehe und die Gefangenen bei schlechter Verpflegung zu schwerer Arbeit in Bergwerke abtransportiert würden. Wir hatten also, so wie es uns hier erging, großes Glück gehabt.

## Die Entlassung

Ich freundete mich mit einem ehemaligen Gutsbesitzer aus Pommern an. Sein Name ist mir entfallen. Nach einigen Wochen, es war Frühsommer, wurden wir zusammengerufen und befragt, wer entlassen werden wolle und wo sich sein Heimatort befinde. Ich erfuhr, dass eine Rückkehr nach Berlin nicht möglich sei. Da sagte mein Gutsfreund zu mir, ich solle einfach seine Adresse angeben und mitkommen.

In Lkws wurden wir nach Westfalen in den Landkreis Höxter gebracht und dort auf einer großen Wiese abgesetzt. Eine Stacheldrahtumzäunung diente als Gefangenenlager, das von englischen Soldaten bewacht wurde. Die Wachposten waren über den Drahtzaun hinweg zu Gesprächen mit uns nicht abgeneigt. Sie tauschten bereitwillig und gerne Zigaretten gegen Armbanduhren.

Nach ein paar Tagen wurden wir in kleinen Gruppen in ein Dorf gebracht. Dort wurden wir vom Gemeindeamt auf Bauernhöfe verteilt, die uns zur Erntearbeit angefordert hatten. Mein Freund ließ sich zu seinen Verwandten entlassen, die auf einem schlossähnlichen Gutshof in der Nähe wohnten, und nahm mich einfach mit. Zu meiner Überraschung war dort eine Baronin mit ihrer adligen Verwandtschaft untergekommen. Mein Freund gehörte zu ihnen, hatte in Pommern einen Gutshof besessen, der inzwischen enteignet war. Nun erfuhr ich, dass mein Freund verheiratet war und seine Frau mit ihren zwei Kindern hier lebte. Die Familie wohnte in dieser alten Schlossanlage. Ich wurde sehr freundlich aufgenommen und lernte den fürstlichen Lebensstil mit all seinen Etiketten kennen. Für mich war es ein Erlebnis, ich kam mir vor wie in einer anderen Welt. Der Umgang und die Unterhaltungen miteinander waren beinahe förmlich, aber dennoch herzlich.

Ich durfte einige Wochen auf diesem Schloss verbringen, wohnte in einer kleinen Kammer im Untergeschoss, durfte jedoch an der gemeinsamen Tafel mit ihnen zusammen speisen. Ich versuchte natürlich, mich nützlich zu machen, soweit dies ging, half im Haushalt, bei der Obsternte und beaufsichtigte die Kinder meines Freundes. Die Abende verbrachten wir mit Karten- oder Ratespielen. Wir hatten viele geistreiche Gespräche miteinander, die ich lange entbehrt hatte. Es war eine sehr schöne Zeit, die ich dort erleben durfte.

## In der Landwirtschaft

Damals hatte ich noch die Absicht, Landwirtschaft zu studieren. Deshalb riet mir mein Freund, mich als Eleve auf einem Gutshof zu bewerben, und ließ seine Verbindungen spielen. Mit der Pferdekutsche fuhr er mit mir zu einem Gutshof, der in der Nähe von Brakel lag. Wir wurden von der Gutsfamilie zum Mittagessen und zu einem Tischgespräch eingeladen. Sie wollten erkunden, ob ich mich als Eleve eignete. Alles schien gut zu verlaufen, bis beim Nachtisch die Frage gestellt wurde, ob ich (natürlich) katholisch sei. Als ich dies verneinte, wurde die Stimmung eisig und wir durften wieder ergebnislos abfahren.

Bei einer weiteren Suche fand sich für mich schließlich eine Stelle auf dem Gut Externbrok. Dort durfte ich meine Probezeit beginnen und auch bleiben, denn der Gutsbesitzer war evangelisch (!). Er war ein richtiger derber Bauer. Ein älterer Knecht war für den landwirtschaftlichen Ablauf auf dem Gutshof zuständig. Er teilte die Arbeiten ein und überwachte sie. Unter seiner Aufsicht arbeiteten drei Frauen, ein altgedienter Landser, etwa 25 Jahre alt, und zwei junge Soldaten, die der Krieg hierhin verschlagen hatte. Sie alle stammten aus bäuerlichen Bereichen. In Absprache mit ihnen und dem Gutsbesitzer sollte ich gleich zu Beginn meiner Tätigkeit getestet werden. Ein großer, mit Heu beladener Wagen sollte in rasantem Tempo – doppelt so schnell wie allgemein üblich – in der Scheune entladen werden. Ich bestand die Prüfung und wurde damit in die Hofgemeinschaft aufgenommen.

Meine Erfahrungen während der Schulferien auf dem Bauernhof in Karlsdorf waren mir von Nutzen. Um 4.00 Uhr morgens war Wecken angesagt, um 4.30 Uhr ging es in den Stall. Die zwei Soldatenjungen – Bauernsöhne aus Pommern – mussten die Kühe melken, zehn an der Zahl. Ich hatte die Pferde zu betreuen, hatte sie zu füttern und zu striegeln, ebenfalls zehn Stück. Danach erst, um 6.00 Uhr, gab es Frühstück. Wir bekamen fast immer nur eine Mehlsuppe, keine bauerngemäße Mahlzeit. Die war heimlich für die Gutsfamilie in deren guter Stube vorgesehen. Anschließend ging es bis zum Abend zur Arbeit aufs Feld. Die Rüben- und die Kartoffelernte standen an. Außer uns wohnte noch eine Flüchtlingsfrau mit ihrer Tochter im Haus. Mit ihnen unterhielt ich mich meist noch am Abend, bevor ich müde ins Bett fiel.

Der Grundbesitzer hatte einen Maurer angestellt, der mit meiner Unterstützung eine Scheune bauen sollte. Vom benachbarten Steinbruch holten wir mit dem Leiterwagen Felssteine, mit denen das Bruchsteinmauerwerk errichtet werden sollte. Ich fungierte dabei als Hucker, der die schweren Klamotten über eine Leiter auf das Gerüst zu schleppen hatte. Der Maurer musste jeden Bruchstein einzeln behauen und anpassen, um eine stabile, gleichmäßige Wand zu erhalten. Mit einer Schnur und dem Lot prüfte er sein Werk. Dabei bekam ich die Architektenzeichnung an die Hand. Sie interessierte mich und wurde der Anlass, dass ich beschloss, nunmehr Bauwesen zu studieren und nicht mehr Landwirtschaft.

Nach dem Ende des Krieges fuhren die Zwangsarbeiter so bald wie möglich in ihre Heimatländer zurück. Einige blieben jedoch in Deutschland, brachen in Bauernhäuser ein, raubten sie aus und hielten sich schadlos. Sie flößten der Bevölkerung bei ihren Raubzügen Furcht ein. Unser Gutsherr hatte heimlich und verbotenerweise ein Gewehr versteckt. Den Älteren von uns hatte er angeheuert, um den Gutshof mit diesem Gewehr zu verteidigen. Dafür bekam er Zigaretten. Gemeinsam hielten beide Nachtwache, niemand durfte davon erfahren. Zum Glück passierte nichts, der Gutshof wurde in Ruhe gelassen, niemand kam zu Schaden.

Die Gutsfrau kümmerte sich um die Küche, verpflegte Familie und Personal. Sie hatte zwei ältere Töchter, die sich fürsorglich um uns Heimatlose kümmerten. Als ich eine Mandelvereiterung bekam, brachten sie mich in die nächstgelegene Klinik und versorgten mich dort aufopfernd und fürsorglich.

Aufgrund der Kriegsfolgen waren die Menschen heimatlos geworden, lebten überall im Land verstreut. Mit Vermisstenlisten, Zeitungsanzeigen, Radiosuchmeldungen und auf Zettelbrettern wurde nach Angehörige gesucht. Massenhaft gab es derartige Suchlisten. Ich hatte keine Ahnung, wo sich meine Mutter aufhielt; es belastete mich, ich fühlte mich verwaist. Merkwürdigerweise vermisste ich in dem wunderschönen Westfalen, in all der friedlichen Ruhe, die dort herrschte, das quietschende Geräusch der Straßenbahnen Berlins! Ich hatte regelrechtes Heimweh.

Endlich, im Dezember 1945, erhielt ich unverhofft Nachricht von meinem Vater. Ich war erstaunt, dass er mich ausfindig gemacht hatte. Er schrieb mir, dass auch meine Mutter wieder in Berlin sei und bei unseren Verwandten Emmi und Martin Weber in Schöneberg, in der Belziger Straße, untergekommen sei. Ich war überrascht und freute mich riesig. Natürlich wollte ich nun so schnell wie möglich nach Berlin zurück. Die Gutsfamilie zeigte volles Verständnis und war mir behilflich.

## Zurück nach Berlin

Ich fuhr an die Grenze der sowjetisch besetzten Zone, die von russischen Soldaten bewacht wurde. Weitere Flüchtlinge fanden sich ein, sodass wir bald ein Trupp von 20 Leuten waren. Ein Anführer, der sich hier auskannte, führte uns auf Umwegen heimlich an den russischen Posten vorbei über die grüne Grenze nach Osterwieck. Dort stand ein Zug, der uns nach Berlin brachte. Durch die Trümmerfelder der verwüsteten Stadt und durch namenlose Straßen kam ich schließlich zu unseren Verwandten und wurde freudig von meiner Mutter in die Arme genommen.

Nach einiger Zeit der Wiedersehensfreude entschloss ich mich, noch einmal nach Externbrok zurückzufahren, um meine dort zurückgelassenen Sachen zu holen. Die Gutsfamilie unterstützte mich aufopfernd und half mir. Ich machte noch einen Abstecher bei der Baronin, der freundlichen Adelsfamilie, und bei meinem Kriegsfreund, gedachte der höfischen Lebensweise und der Gutsherrenart in Dankbarkeit, um mich mit dem einfachen, normalen und hungernden Leben der Nachkriegszeit vertraut zu machen. Beim Rückweg über die grüne Grenze musste ich diesmal gemeinsam mit zwei polnischen Heimkehrern einen kleinen Fluss überqueren. Beim Sprung über das Wasser rutschte ich an dem steilen Flussufer aus und landete mit sämtlichen Klamotten im Wasser. Von allein wäre ich da nicht mehr rausgekommen, doch die beiden Polen retteten mich. Diese Hilfsbereitschaft überraschte mich nach all dem Unrecht des Krieges. Danach fuhr ich, zwar durchnässt, aber unbehelligt zurück nach Berlin.

## Ein Leben in Trümmern

Meine Mutter war in der großen Wohnung ihrer Verwandten Emmi und Martin Weber untergekommen und bewohnte als Untermieterin zwei kleine Zimmer in der vierten Etage mit einem separaten Eingang. Küche, Badezimmer oder Toilette waren nicht vorhanden und wurden improvisiert. Der Krieg hatte seine Spuren hinterlassen. Ich versuchte, die Räume einigermaßen wohnfähig zu machen. Die Fenster wurden mangels Glas mit Brettern vernagelt. Ein kleiner gusseiserner Feldherd wurde mit einem Blechrohr als Schornsteinersatz durch das Fenster nach draußen entlüftet. Ein Bettgestell, ein maroder Kleiderschrank und zwei Küchenstühle bildeten das notwendige Inventar. Es wurde im Laufe der Zeit sukzessive ergänzt. Für die karge Mahlzeit dienten zwei Blechbüchsen als Kochtöpfe.

Nur die Alteinwohner Berlins waren berechtigt, in der Trümmerstadt zu bleiben. Zu meinem großen Glück hatte meine alte Anmeldung aus der Rathenower Straße das Bombenfeuer überlebt, meine Mutter hatte sie gerettet. Damit konnte ich zum Bauamt gehen, um meine Aufenthaltsgenehmigung und damit auch meine Lebensmittelkarten zu erhalten. Wir bekamen darauf Nahrungsmittel in Höhe von 1000 bis 1200 Kilokalorien pro Tag und verspürten ein ständiges Hungergefühl. Das Wort „Kalorie“ wurde als neues Fremdwort in den täglichen Sprachgebrauch übernommen.

1945 war ein sehr kalter Winter. In den Trümmern suchte ich nach Holz, das dann in dem kleinen Herd verbrannt wurde. In dicke Decken eingepackt, verbrachten wir die Nächte. Später fuhr ich zur Beschaffung von Feuerholz mit der S-Bahn zu meinem Vater, der in Lichtenrade wohnte. Gemeinsam gingen wir in ein nahe gelegenes Wäldchen und suchten uns einen Baum aus, nach

Möglichkeit eine Birke, deren Holz leicht brennbar war. Im Hof machten wir daraus Kleinholz. Mit einem großen Sack Brennmaterial beladen fuhr ich nach Schöneberg zurück. Ein paar warme Abende waren damit wieder gerettet. Einmal fuhr ich mit meinem Cousin Martin sogar bis nach Fürstenwalde, um dort eine Handkarre voll Kleinholz zu ergattern. Die Fuhre ließ sich allerdings nicht mit der Bahn transportieren. Also marschierten wir frohen Mutes zu Fuß, die Handkarre ziehend, die weite Strecke bis nach Schöneberg und waren erleichtert, genügend Wärme für die nächste Zeit herangeschafft zu haben.

## Der Schwarzmarkt

Auf dem schwarzen Markt versuchten wir etwas Essbares gegen Schmuck oder Ähnliches einzutauschen. Die Zigarettenwährung beherrschte den Markt. Das teuerste Zahlungsmittel waren amerikanische Zigaretten, das Stück kostete 10 Reichsmark. Als starker Raucher konnte ich mir echte Zigaretten nicht leisten, also deckte ich meinen Konsum mit Machorka oder allen möglichen Teesorten. Da auch Zigarettenpapier knapp war, diente Zeitungspapier fast immer als Ersatz. Hauptsache, es rauchte.

Zufällig traf ich einmal einen Kriegskameraden, den ich aus unserer gemeinsamen Dresdener Zeit kannte. Er hatte einige Stangen der kostbaren Ami-Zigaretten Marke Camel bei sich und wollte mich überreden, seine Schwarzmarkttätigkeit in Verbindung mit einem Vertreterberuf mitzumachen. Ich lehnte seine zwar einträgliche, aber doch zweifelhafte Beschäftigung ab, da ich lieber studieren wollte. Das war mir bei meiner Lebensauffassung wichtiger.

Mit einigen geschenkten Schachteln Zigaretten verabschiedete er sich von mir.

Als ich einmal zwei US-Soldaten auf der Straße sah, wollte ich mir von ihnen eine Zigarette erbetteln. Als ich sie bescheiden ansprach, traf ein kräftiger Faustschlag mein Kinn und ich fand mich plötzlich k.-o.-benommen auf dem Boden liegen. Mit einem weggeworfenen Stummel musste ich mich zufriedengeben. Die Amerikaner, Amis genannt, lebten nun zahlreich in Berlin. Wir beäugten ihre Frauen, bestaunten ihre schicke Kleidung, wunderten uns über ihre kräftig rot geschminkten Lippen und lästerten über ihre ausladenden, dicken Hinterteile. Wir kannten ja nur unsere eigenen schmächtigen, mit Hungerkost ernährten Frauen.

Vom Hunger getrieben, fuhren wir – wie auch die meisten Berliner – mit der Bahn ins Umland. Die Züge waren rappelvoll, völlig überfüllt. Die Menschen stellten sich auf die Trittbretter und hielten sich außen an den Türen fest oder kletterten auf das Dach des Zuges. Eine längere Strecke verbrachte ich einmal sogar auf den Puffern eines schnell fahrenden Zuges. Es war anstrengend, bei den ruckelnden Bewegungen und bei Gleiswechseln die Balance zu halten. In den umliegenden Dörfern versuchten wir bei den Bauern Kartoffeln oder ähnlich Nahrungsmäßiges einzutauschen, oft jedoch erfolglos. Es verbreitete sich bald das böse Gerücht, dass die Bauern bereits ihre Ställe mit eingetauschten echten Teppichen ausgestattet hätten.

Meist fuhr ich mit meinem Cousin Martin auf die Bauernhöfe, so auch einmal nach Tangermünde. Dort lebte ein Bauer, bei dem ich 1934 als Schuljunge die Ferien verbracht hatte. Das gegenseitige Wiedererkennen blieb wirkungslos. Nach vielem Betteln und Flehen konnten wir schließlich noch einen Sack Kartoffeln von ihm bekommen. Stolz gingen wir zum Bahnhof und warteten auf den Zug nach Berlin. Doch statt eines Zuges kam die Polizei und beschlagnahmte sämtliche Lebensmittel, somit auch unsere Kartoffeln. Ich protestierte lautstark und landete prompt mit anderen zusammen in einem Gefängnisraum des Bahnbereichs. Es war ein unheimliches Gefühl, ich empfand es erdrückend, dass wir ohne eine Auskunft oder Anhörung mehrere Stunden in einem kleinen geschlossenen Raum verbringen mussten. Die Ungewissheit war das Schlimmste. Es wurde bereits dunkle Nacht, als der nächste Zug nach Berlin eintraf. Da wurden wir endlich freigelassen und durften ohne unsere Kartoffeln nach Hause fahren. Wir erlebten noch viele lange Monate mit spürbarem Hunger.

Kurz nach Kriegsende – ich war gerade in Berlin angekommen – mussten alle Einwohner eine Kinovorstellung besuchen, in der ein Film über die vorgefundenen Zustände in den Konzentrationslagern der Nazis gezeigt wurde. Die grauenhaften und bedrückenden Bilder waren für mich ungeheuerlich. Ich konnte es einfach nicht begreifen, dass derart Schreckliches tatsächlich geschehen konnte. Ich fand diese Zwangsvorstellung der alliierten Kommandantur aber vollkommen in Ordnung. So mussten wenigstens alle erfahren, welche Verbrechen sich im Nazireich abgespielt hatten. Erst nach einem Besuch dieser Vorstellung bekam man die Berechtigung für eine Lebensmittelkarte.

## Die Tanzschule

Langsam gewöhnte ich mich an das zivile Leben. Ich erinnerte mich an die Tanzschule, die wir während der Schulzeit besucht hatten. In der „Tanzschule Antoine“ am Ku'damm versuchten wir damals, uns mit rhythmischen Schritten zur Musik zu bewegen.

In diesem Kurs lernte auch die damals noch unbekannte Hildegard Knef das Tanzen. Einer meiner Schulfreunde war ihr Tanzpartner. Diese Tanzschule hatte nach dem Kriege wiedereröffnet, zwar nicht mehr am Ku'damm, sondern in Halensee in der Wallotstraße. Also beschloss ich, dort meine Tanzvorbildung wieder einzubringen und zu vervollständigen. Ich übte fleißig Walzer, Tango, Rumba, Samba, eben alle klassischen Standardtänze.

Meine Tanzpartnerin hieß Eva Mitschikowski. Leider verliebte sie sich in mich, was mir gar nicht gefiel. Obwohl ich ihr das eindringlich erklärte, blieb sie hartnäckig. Trotz ihrer vergeblichen Bemühungen verbrachten wir etliche Freizeit miteinander, unternahmen gemeinsame Spaziergänge, besuchten Jazzkonzerte oder Musikveranstaltungen und trafen uns mit Freunden. Ich beendete unsere Gemeinsamkeit abrupt, indem ich ihr meine Verlobungsanzeige schickte. Sie gratulierte mir höflich, indem sie ein Glückwunschschreiben persönlich an meine Wohnungstür heftete. Sie tat mir leid, denn es war immerhin eine nette Zeit, die wir gemeinsam verbracht hatten.

## Unsere Klassentreffen

Nach Zerschlagung des Dritten oder auch sogenannten Tausendjährigen Reiches waren wir in alle Himmelsrichtungen verstreut. Nunmehr gereifte Männer, fanden wir immer wieder Wege, die uns zusammenführten. Die Blockade Berlins war erfolgreich abgewehrt, Adenauer wurde erster Bundeskanzler, da war ich zum ersten Mal bei meinem Schulfreund Otto Lex in München. Er war inzwischen verheiratet und wohnte mit seiner Frau Irmgard bei seinen Eltern in der Prinzregentenstraße. Seine Frau stammte aus Schlesien und hatte als Preußin keinen leichten Stand in der urbayerischen Familie. Auch in der Folgezeit war ich im Jahr mindestens einmal in München und dann stets bei Otto zu Besuch. Naturgemäß wurde im Hause Lex viel politisiert. Schließlich war Vater Lex höchster bayerischer Beamter und wurde sehr bald als Staatssekretär nach Bonn geholt. Als sich in der Wohnung einmal hohe Politiker trafen, hörte ich unfreiwillig und beiläufig, wie beraten wurde, Deutschland wieder militärisch einzubinden. Das fand ich zwar merkwürdig, aber eigentlich unglaubwürdig. Nicht lange danach wurde die Bundeswehr ins Leben gerufen.

Bei Otto stellte sich Nachwuchs ein, die Söhne Erwin und Rudolf kamen zur Welt. Nur zögernd trat er in die Fußstapfen seines Vaters, brachte es aber schließlich doch noch zu hohen Parteiämtern in der CSU. Unsere Gespräche bei meinen dortigen Aufenthalten waren fast immer politischer Natur, manchmal ein wenig divergierend, meistens jedoch konvergierend. Mit Eifer wurden sie brieflich fortgesetzt.

Otto war gestandener Lehrer und unterrichtete Biologie und Erdkunde. Bevor er sich auf den Weg zur Schule machte, musste seine Frau ihm immer die Krawatte gerade rücken und die Hemdknöpfe schließen; darin hatte er sich trotz durchgemachten militärischen Drills seit seiner Schulzeit nicht geändert. Ich denke aber, dass er bei seinen Schülern beliebt war.

Ein kleines Häuflein von uns Achtklässlern hatte in all den Jahren immer versucht, untereinander Verbindung zu halten. Daraus entwickelte sich der Wunsch nach einem verspäteten Klassentreffen. Unter Hinzuziehung weiterer „Luisianer" aus anderen Klassen trafen wir uns erstmals im November 1974 in Altenau im Oberharz. Es folgten weitere Treffen zu Pfingsten

1977 in Ägidienberg bei Bonn und 1979 in München und am Kochelsee. Wir wanderten, schwammen, kegelten, schwatzten, schmatzten und soffen wie in alten Zeiten. Otto lernte dabei endlich seine politische Gegnerin Annelies Hoppe, Vorsitzende der Lehrergewerkschaft kennen, aber auch schätzen. Einer wäre gerne dabei gewesen, durfte aber aus politischen Gründen nicht, Achim Heby, ein DDR-Einwohner aus Chemnitz, einer jedoch wollte nicht, auch aus politischen Gründen, Rainer Barzel, als Kanzlerkandidat. So blieb es schließlich bei diesen drei Treffen in dezimierten Runden alter, aber dennoch jung gebliebener Achtklässler.

Wir veranstalteten auch kleinere Treffen in Berlin, wenn auswärtige Freunde nach Berlin kamen; Jürgen von Schultz und Otto Lex aus München oder Ulli Gärtner aus Bonn. Dann waren wir Berliner als Gastgeber an der Reihe. Einmal hatte ich sogar Gelegenheit, mich mit Rainer Barzel zu treffen. Während er beim Bundes-Presseball in Berlin war, konnten wir uns ein wenig über unsere Pennäler-Zeit austauschen.

Sooft ich auch nach München kam, stets lehnte Otto einen Gegenbesuch ab. Er wollte nicht durch die DDR nach Berlin fahren, wollte auch nicht fliegen. Erst sehr spät, zur Hochzeit unserer Tochter Andrea 1985, wagte er einen Berlin-Besuch. Ausgerechnet dabei passierte ihm sogleich ein Missgeschick. Während der Hochzeitszeremonie begann sein Fuß zu schmerzen. Die Schmerzen wurden bald unerträglich. Er hatte einfach nicht bemerkt, dass er einseitig den um zwei Nummern kleineren Schuh seines Sohnes Rudolf angezogen hatte. Da entschloss er sich, im nächstbesten Geschäft ein Paar neue Schuhe zu kaufen, und landete ausgerecht bei „Bally“. Verwundert über den hohen Preis verließ er das Geschäft mit der für ihn typischen Bemerkung, er wolle ja nicht den Laden, sondern nur ein Paar Schuhe kaufen. Aber mit diesen teuren Schuhen tanzte er dann ausgelassen und ausgiebig bis zum frühen Morgen, denn als Tänzer war er sehr gefragt. Und noch einmal, gleich nach der Wende, wagte er sich wieder nach Berlin. Beim ersten Mal hatte er nur die alte Schule und die in Moabit gelegenen Stätten seines Wirkens aufgesucht, diesmal konnte er auch die im Ostteil gelegenen Orte besuchen. Unter den Linden, Alexanderplatz, Gendarmenmarkt und die St.-Hedwigs-Kathedrale, die Stätte seiner Firmung.

Ein besonderes Treffen ist mir unvergesslich, es fand Anfang der Fünfzigerjahre statt. Unser sächsischer Klassenkamerad Achim Heby hatte geheiratet. Wir Berliner wollten ihm persönlich gratulieren und das Ereignis gebührend feiern. Zu viert, in jeweils weiblicher Begleitung, fuhren wir mit dem Zug über Chemnitz nach Augustusburg, einem beschaulichen Ort im Erzgebirge. Im Café-Hotel „Friedrich“ waren für uns Zimmer reserviert. Das machte in jener Zeit regelrecht Probleme, denn wir waren mit unseren Partnerinnen ja nur liiert, also keine Eheleute. Mit trickreichem Zimmertausch gelang uns schließlich doch noch eine Beherbergung.

Die herzliche Begrüßung untereinander erfolgte in alter Pennäler Manier mit Schlipsgezerre, Huteinbeulen und Umarmungen. Es folgten feuchtfröhliche Tage in jugendlicher Unbekümmertheit. Die Abende verbrachten wir bei Tanzveranstaltungen. Es spielte sogar eine richtige Kapelle. Unser tägliches Beisammensein gipfelte selbstredend in einem Besäufnis, bis wir torkelnd in die einzelnen Betten fanden. Unter einigen Bettlaken hatten wir heimlich Bürsten und ähnliches Zeug versteckt. Jede

Menge kindischer Albernheiten gehörten zum Tagesablauf, so auch Spiele wie „Die Reise nach Jerusalem“, Singspiele mit mehrfachen Kniebeugen sowie Verkleidungen und Kleidertausch. Die Krönung bildete unser Auftauchen in Schlafbekleidung im voll besetzten Restaurant. Gleichfalls dazu gehörte eine Erstürmung des Musikpodiums, die wir mit einem gekonnten Schlagzeugwirbel beendeten. Der weibliche Part unserer kleinen Runde verhielt sich keinen Deut besser, war nicht weniger albern als wir. Kurzum, wir tobten ausgelassen durch die Zeit, um allen Frust schrecklicher Erlebnisse hinter uns zu lassen. Alle diese Treffen der Übriggebliebenen unserer alten Schulklasse waren somit Reisen in die Vergangenheit und in eine beinahe noch unbeschwerte Jugend.

Dabei fällt mir noch ein außergewöhnliches Wiedersehen ein, das ich in der frühen Nachkriegszeit erlebte. Ich hatte Briefkontakt zu einem Kriegskameraden aus unserer gemeinsamen Gefangenschaft. Er lebte in Frankfurt am Main und hatte eine Stellung als Richter am dortigen Gericht. Er lud mich zu sich ein, also fuhr ich nach Frankfurt. Wir plauderten ungehemmt über die Kriegszeit und freuten uns über unser Wiedersehen. Er hieß Kunkel, hatte ein schweres Motorrad und fuhr mit mir kilometerweit und rasant in die Umgebung. Eines Abends kamen wir dabei nach Offenbach und machten Rast in einer Schänke. Ich musste den mir unbekannten Ebbelwoi probieren. Wir tranken ein Glas, es schmeckte, ein weiteres Glas, dazu Brezeln, es schmeckte immer noch, also schenkten wir nach und noch mal nach. Fröhlich schwankten wir zum Motorrad, um langsam und gemächlich nach Hause zu fahren. Ich schaffte es auf den Rücksitz und hielt mich umklammernd an ihm fest. Die Straße hatte viele Kurven, wir auch. Plötzlich landeten wir im nassen Straßengraben, die Maschine mit uns. Wir lachten schallend und amüsierten uns köstlich. Meisterlich hievten wir das Fahrzeug zurück auf die Straße und kamen schließlich doch noch wohlbehalten in unsere Schlafstätte.

Rückblickend hatte ich damit eine weitere Jugendsünde glücklich überstanden.

# Das Studium

## Erste Eindrücke

Ich war nach Berlin gekommen, um zu studieren. Eigentlich wollte ich ja Architekt werden, entschloss mich dann aber für das Studium des Bauingenieurwesens, da ich der Meinung war, damit später bessere Berufsaussichten zu haben. Ich machte mich also auf den Weg zum Aufnahmebüro der Technischen Universität. Dort erfuhr ich, dass mein sogenanntes Notabitur von 1942 nicht anerkannt wurde. Nach dem Ende des Krieges gab es einen Ansturm von Soldaten der Kriegsgeneration, sodass ein Numerus clausus eingeführt wurde und mir damit die Möglichkeit genommen war, zum Studium zugelassen zu werden. Im Aufnahmebüro bekam ich den Rat, mich für die neu eingeführten Vorsemester zu bewerben. Sie dienten als Ersatz für einen regulären Schulabschluss mit Abitur. Ich wurde angenommen und paukte fortan wieder Latein, Englisch, Deutsch und Mathe. Es war nach langer Soldatenzeit ungewohnt für mich, denn ich hatte alles Schulische vergessen, hatte mich nur mit meinem Überleben beschäftigt. Es machte mir nun Freude, mich endlich wieder geistig betätigen zu können. Wir hatten ausgezeichnete Lehrkräfte, die es verstanden, vergessenes Wissen wiederzuerwecken. Nach zwei Semestern des Vorstudiums bestand ich die Prüfung.

Im November 1946 startete ich erneut einen Versuch, mich für das Studium zu bewerben. Ich wurde unerwartet zur Prüfung vorgeladen, bekam Aufgaben in verschiedenen Fächern gestellt und wurde nach einer weiteren mündlichen Prüfung zu meiner politischen Meinung befragt, die den Prüfenden anscheinend zufriedenstellte. Jeden Tag fuhr ich nun zur Uni und durchsuchte die dort veröffentlichten Zulassungslisten. Endlich fand ich meinen Namen mit der Matrikelnummer 1994 auf der Liste und war froh und glücklich.

Doch vor Studienbeginn musste jeder Studienanfänger noch 100 Stunden Aufbauleistungen im Trümmerfeld Berlin absolvieren, dann erst konnte es losgehen. Ich bekam die Aufforderung, mich mit einigen Kommilitonen beim ehemaligen Luftschutzbunker am Zoo zu melden. Er war in Teilen gesprengt worden, war aber sehr widerstandsfähig, sodass das englische Sprengkommando es nicht geschafft hatte, ihn total zu beseitigen. Er blieb noch lange Zeit als Ruine stehen. Die weit verstreut herumliegenden, schweren Bruchstücke mussten wir einzeln mit den Händen auf einen Trümmerhaufen transportieren. Für jeden Betonklotz bekamen wir 20 Minuten gutgeschrieben. Es dauerte einige Tage, bis wir die erforderlichen 100 Stunden erreicht hatten und ein großer Haufen mit Betontrümmern zum Abtransport bereitstand.

Vor dem Studium leistete ich, die Zwischenzeit nutzend, in Tempelhof bei der Firma Krupp-Druckenmüller eine halbjährige Stahlbaupraxis ab. In den riesigen Hallen wurde geschraubt, genietet und geschweißt. Die großen Maschinen wurden von einer Vielzahl von Arbeitern bedient. Ich wurde in allen Arbeitsbereichen eingesetzt und dabei auch einem Montagetrupp für eine Brückeninstandsetzung zugeteilt. Zuerst lernte ich, an einer großen Bohrmaschine Löcher in Stahlteile zu bohren. Die Bohrstelle war vorher nach einer angelieferten Konstruktionszeichnung durch Ankörnen markiert worden. Schwere Stücke transportierten wir mit einem Handkran in die erforderliche Position. Bei der Abteilung „Zusammenbau“ wurden Einzelteile miteinander verschraubt oder vernietet. In die Bohrlöcher wurden Schrauben oder Nieten gesteckt, das war dann meine Aufgabe. Sie wurden mit einem Niethammer glühend heiß gepresst. Dabei passierte es schon mal, dass ein glühender Niet abfiel und erkaltete. Solch ein Ding wollte ich aufheben und verbrannte mir dabei mächtig die Finger, denn er sah zwar dunkel aus, war aber noch nicht genügend abgekühlt. Schmerzhafte Erlebnisse gehörten nun mal zur Ausbildung. Sie wurde von den Arbeitern schmunzelnd zur Kenntnis genommen. Im Allgemeinen jedoch wurde ich, der Studiosus, wie sie mich nannten, von ihnen freundlich behandelt. In den Frühstückspausen plauderten und diskutierten wir wie alte Kumpels miteinander.

Als ich viele Jahre später bei einer Werksbesichtigung die alte Firma besuchte, erschrak ich. Nur noch ganz wenige Arbeiter hielten die Produktion in Gang, die Hallen waren menschenleer. Computer hatten die Führung der Arbeiten übernommen und steuerten ihren Ablauf.

## Die Universität

Die Technische Universität lag zentral, in Charlottenburg, zwischen Bahnhof Zoo und dem Knie (heute Ernst-Reuter-Platz). Dabei fällt mir ein, die Straßenachse der Charlottenburger Chaussee vom Knie bis Unter den Linden nannten wir scherzhaft „Vía Erótica“, denn sie verlief ja vom Knie bis zum Lustgarten. Auf dem großen TU-Gelände befanden sich viele Gebäude unterschiedlicher Fachbereiche. Vor einem der Häuser prangte in voller Schönheit eine Skulptur von Henry Moore, in der Art, wie sie seinerzeit vor vielen öffentlichen Bauten standen. Es war zur Mode geworden, einen Henry Moore überall zu platzieren, man erkannte ihn sofort.

Im Verwaltungsgebäude wurden wir registriert und bekamen Einweisung in und über die jeweiligen Vorlesungen. Die einzelnen, unterschiedlichen Dekanate mit ihren Professoren unterstanden der Universitätsverwaltung. Für uns war jedoch besonders wichtig, dass in diesem Hause die Studentische Selbstverwaltung untergebracht war. Studienanfänger konnten sich hier über die verschiedenen Vorlesungen informieren. Auswärtige Studenten erhielten Zimmernachweise und bekamen Wohnmöglichkeiten angeboten. Für die Finanzierung des Studiums konnte man sich dort beraten lassen. Dazu gehörten auch Vermittlungen von Jobs, denn es war allgemein bekannt, dass Studenten verlässliche und preiswerte Arbeit leisteten. Besonders in den Semesterferien suchten sich viele Studenten eine lohnende Beschäftigung. Auch ich nahm solche Verdienstmöglichkeit mehrmals in Anspruch, denn das Geld meiner Mutter reichte bei Weitem nicht aus. In der Weihnachtszeit waren Anforderungen von Weihnachtsmännern bei den Studenten besonders beliebt. Dieser Job war dann immer sehr schnell ausgebucht.

Im damaligen Haupthaus befand sich ein großer Saal mit etwa 300 Plätzen. Soweit ich mich erinnere, hieß er E101. Dort fanden fachübergreifende Vorlesungen statt, beispielsweise Mechanik oder Mathematik für die Grundsemester sowie andere Allgemeinfächer der Ingenieurausbildung. Er wurde außerdem für bildende oder politische Vorträge genutzt. Uns Bauingenieuren stand ein besonderes Gebäude, der Bauingenieur-Flügel, zur Verfügung. Dort erfuhren wir auf einer Informationstafel, wann und wo die jeweiligen Vorlesungen gehalten wurden. Wir waren als Studenten gesondert versichert, hatten sogar einen eigenen Studentenarzt, den auch ich einige Male aufgesucht habe. Er untersuchte mich in freundlicher Art und empfahl mir für einen Krankenhausaufenthalt das Buch „Die Nackten und die Toten“ von Norman Mailer zu lesen. Ein immer beliebter Aufenthaltsraum war die Mensa. Dort traf man sich, dort fanden Gespräche statt, meist das Studium betreffend. Natürlich haben wir den Raum auch gerne für private Unterhaltungen genutzt. Wir konnten Getränke oder Speisen bestellen, die dem üblichen Kantinengeschmack entsprachen. Manchmal verabredeten wir uns auch zum Essen in auswärtigen, preiswerten Lokalen. Bei Aschinger beispielsweise, da gab es nämlich große Portionen Erbsensuppe, dazu und umsonst jede Menge Schrippen. Meistens aßen wir jedoch zu Hause. Meine Mutter kochte dann auf unserem kleinen Behelfsherd, was es gerade in den Läden zu kaufen gab. Schmalhans war der Küchenmeister und Hunger sein Begleiter. Abends trafen wir uns in den sogenannten Studentenkneipen zum „Bierchen“ und zum Diskutieren.

## Studium und Politik

Täglich fuhr ich mit Bus und U-Bahn zur Uni und fand mich bald auf der großen Anlage zurecht. Bei ersten Vorlesungen stellte ich fest, dass viele Studenten, genau wie ich, umgearbeitete Militärmäntel und alte Wehrmachtsklamotten anhatten. Zum besseren Kennenlernen des noch ungewohnten Universitätsgeschehens und des Studentenlebens stand uns ein Hörsaal zur Verfügung, in dem wir diskutieren durften. Er wurde eifrig genutzt und war meist gut besucht. Für mich noch ungewohnt, gab es etliche Kommilitonen, die als Redner auftraten, um andere für ihre Ansichten zu überzeugen.

Unter den zahlreichen politischen Beiträgen gefiel mir besonders eine engagierte, emotional vorgetragene Rede einer jungen Frau. Sie verurteilte das verbrecherische Naziregime, setzte sich für Menschlichkeit und soziale Gerechtigkeit ein, befürwortete eine internationale Gemeinschaft, trat für ein friedliches Zusammenleben und für die Gleichberechtigung aller Menschen ein. Sie vertrat dabei überzeugend kommunistische Ideen. Da auch mein Cousin Martin Weber in langen Gesprächen mit mir viel von derartigen Ideologien hielt, überzeugten mich ihre Argumente, insbesondere nach dem Erleben und Überleben des schrecklichen Krieges.

Ich sprach sie an und machte mich mit ihr bekannt. Wir unterhielten uns öfter und diskutierten miteinander. Bald fasste ich den Entschluss, mich ebenfalls politisch zu engagieren. In den Wirren des politischen Berlins kam es zum Zusammenschluss der SPD mit der KPD zu einer Partei, die den Namen SED erhielt. Überzeugt von ihrer Ideologie trat ich in die Partei ein, wurde Mitglied. Wie ich bald feststellte, waren auch einige andere meiner Kommilitonen Parteimitglieder. Wir schlossen uns innerhalb der Studentenschaft zu einer kleinen Gruppe zusammen. Ihr gehörte auch der Sohn von Otto Grotewohl an, der Architektur studierte. Die Verbindung zu seinem Vater, dem neben Wilhelm Piek gleichberechtigten Vorsitzenden der SED, hatte für ihn allerdings nur geringe Bedeutung. Er war im Grunde genommen ein ganz passabler Mitbürger, mit dem man sich auch privat gut unterhalten konnte.

Wir versuchten, andere Studenten anzuwerben, um unseren Kreis zu vergrößern. Diese Taktik bekamen wir von der oberen Parteizentrale auferlegt. Wir nahmen geschlossen an politischen Demonstrationen teil und versuchten dabei, unsere Überzeugung weiterzugeben, meist jedoch nur mit geringem Erfolg. Ich erlernte die kommunistische Dialektik und wurde bald firm darin. Sie eignete sich ausgezeichnet, andere, politisch Ungeübte zu widerlegen. Es machte mir richtig Spaß, mit Freunden und Gesprächspartnern zu diskutieren, ich war ja nun dialektisch geschult, ihnen damit überlegen. Ich vertrat meine Überzeugung auch meinen Schulfreunden gegenüber, erntete bei ihnen aber nur mildes Kopfschütteln.

Es verging nicht mal ein Jahr, ich las Berichte und Nachrichten, beschäftigte mich mit Aussagen bekannter Größen und geistreicher Menschen und hörte mir andere politische Meinungen an. Allmählich erkannte ich die wirklichen Ziele des Kommunismus, sein Machtstreben nach Weltherrschaft, seine diktatorische Art, sein rücksichtsloses Prinzip der Unterdrückung von Menschen und seine Art der Bespitzelung. Alle Ideologien – egal ob Nationalismus, Kommunismus, Stalinismus, Islamismus – sind machtbesessen und radikal. Ich musste feststellen, dass dies der falsche Weg für mich war. Es entsprach nicht meinen Idealen, nicht meiner Lebensauffassung. Meinungsfreiheit war mir wichtig. Ich entsagte dieser Politik, beschloss, von nun an keiner Partei mehr beizutreten, und konzentrierte mich auf mein Studium.

Bereits Winston Churchill stellte einmal fest: „Es ist von großem Vorteil, die Fehler, aus denen man lernen kann, frühzeitig zu machen.“ Das sei zu meiner Ehre gesagt.

## Die Grundsemester

In den ersten Semestern wurden die Grundfächer behandelt: Mathematik, Mechanik, Geometrie, Physik, Chemie und Ähnliches. Die Hörsäle waren voll, teilweise sogar übervoll. Aus Platzmangel setzten wir uns auf Treppenstufen und Fensterbänke und machten unsere Notizen auf den wenigen Papierseiten, die wir besaßen. Hausaufgaben machte ich in unserer Küche. Es herrschte ein strenger Winter. In dicke Decken gehüllt versuchte ich, meine Gedanken schriftlich auf Papier zu bringen. Nagender Hunger war ein ständiger Begleiter, der meiner Konzentration feindlich gesinnt war. Aufgaben in darstellender Geometrie zeichnete ich in Ermangelung von Zeichenkarton auf Butterbrotpapier. In jedem Fach wurden Klausuren geschrieben. Die Semester kosteten erhebliches Geld, das wir uns nicht leisten konnten. Die Gebühren konnten aber auf Antrag erlassen werden, jedoch unter der Bedingung, dass die Klausurarbeiten gut benotet waren. Ich hatte Gebührenerlass beantragt und wartete jedes Mal zitternd das Ergebnis einer Klausur ab. Wieder ein Semester finanziell gerettet!

Neben den wissenschaftlichen Vorlesungen der Professoren unterrichteten uns Assistenten in ergänzenden Übungsstunden mit praktischen Aufgaben. Besonders beliebt waren die Übungen in Mathematik bei einem Repetitor mit Namen Spörl. Der große Hörsaal im Hauptgebäude war bei ihm ständig bis auf den letzten Platz besetzt. Er begann jeweils die erste halbe Stunde mit launigen Erzählungen, die uns auf das schwierige Fach einstimmen sollten. Anschließend verstand er es jedoch, uns selbst komplizierte mathematische Formeln verständlich zu erklären und beizubringen. Ich hatte ja in den vier Jahren des Krieges jegliche Schulmathematik vergessen, war in dieser Zeit mit meinen Gedanken ausschließlich damit beschäftigt gewesen, zu überleben;

aber das ging vielen von uns genauso. Durch die Art seiner Vorträge erreichte er, dass wir bald lernten, selbst die schwierigsten Aufgaben zu verstehen.

Eine weitere, äußerst begehrte Vorlesung hielt Prof. Altenburg. Er behandelte mit viel Liebe und Leidenschaft die deutsche Literatur. Sie gehörte allerdings nicht zu unserem Studienfach, war jedoch immer überbelegt. In unnachahmlicher Weise brachte er uns die Schönheit der deutschen Sprache nahe. Seine Darstellungen deutscher Dichtung und Literatur sind mir unvergesslich geblieben. Wir lernten die Vielfalt der Prosa und den Zauber der Poesie in all ihrer Vielfalt kennen und lieben. Er verstand es, auf bewundernswerte Weise ausgewählte Abschnitte aus Werken der deutschen Dichtung zu rezitieren. Seine Vorlesungen hinterließen bei mir einen nachhaltigen Eindruck, an den ich mich auch heute noch gerne erinnere.

Einen kurzen Abstecher zur Architektur leistete ich mir ebenfalls noch, allerdings nur im Fach „Zeichnen“. Ein Assistent unterrichtete uns rein sachlich im Anfertigen von Zeichnungen. Es sollten keine Kunstwerke sein, sondern nur handwerklich brauchbare Darstellungen. Damit erlernte ich das Skizzieren von Gegenständen und die Handhabung von Zeichenstiften, brach diesen Teil der Ausbildung aber bald ab, weil mir das Erreichte genügte und ich mich nun lieber um meine eigentlichen Studienfächer kümmern wollte.

Jetzt hatte ich auch die Zeit und Muße, mich kulturell wieder stärker zu beschäftigen. Ich traute mich an Philosophisches heran, las in Büchern von Kant, Heidegger, Jünger und interessierte mich für die Theorien von Sigmund Freud. Ich besuchte Theater und Schauspielhäuser, begeisterte mich an Aufführungen von Sartres „Die Fliegen“ und Hauptmanns „Biberpelz“ oder Shakespeares „Der Sturm“. Ich bewunderte Schauspieler wie Martin Held und Joana Maria Gorvin in ihren vielseitigen künstlerischen Darstellungen, aber vor allem wegen ihrer großartigen Sprache. Es waren erfreuliche Studienjahre. Leider blieb mir später, in der Hektik des Berufslebens, diese Zeit nicht mehr.

## Kommilitonen

Im Studienverlauf lernten wir uns untereinander kennen. Zu einigen entwickelten sich auch private, gefestigte Freundschaften. Mit Wolfgang Schneider war ich eng befreundet. Wir halfen einander, besprachen aktuelle Themen und versuchten, gemeinsam zu klären, wenn wir während der Vorlesung etwas nicht verstanden hatten. Er wohnte bei seiner Mutter in Charlottenburg. Ich besuchte ihn dort sehr häufig. Wir verstanden uns gut und verbrachten viel Zeit miteinander. Leider starb er frühzeitig bei einem Autounfall.

Klaus Bieger gehörte ebenfalls zu meinem engeren Kreis. Er wohnte im Ostteil Berlins, in Friedrichshagen. Dort, am nahe gelegenen großen Müggelsee, befand sich eine Badestelle, an der wir uns im Sommer immer gerne trafen. Sie lag an einem waldigen Gelände und kostete kein Eintrittsgeld. Wir waren ein kleiner Kreis von Studenten mit weiblicher Begleitung und verbrachten beim Baden, Schwimmen und Ballspielen viele schöne Stunden miteinander. Klaus Bieger lernte dabei ein junges Mädchen kennen, 16 Jahre jung. Sie interessierte ihn, ging noch zur Schule, Helga hieß sie. Mit Erlaubnis ihrer Mutter verbrachte er züchtig (wie es sich gehörte) die Zeit mit ihr, bis sie volljährig wurde, und heiratete sie dann. Nach einiger Zeit stellte sich Nachwuchs ein. Wir waren lange Jahre befreundet und besuchten uns gegenseitig, auch noch später, nach dem Studium. Er erhielt später eine Professur in Hannover im Lehrfach Stahlbeton. Wir waren gern gesehene Gäste in seinem schönen Haus.

Ein lebenslustiger Student, dessen Namen ich vergessen habe, war nicht dumm, sondern einfach nur stinkfaul. Er verspürte keine Lust, seine geliebte Freizeit stundenlang mit mathematischen Aufgaben zu vergeuden, so sein Spruch. Ich versuchte vergeblich, ihm klarzumachen, dass Übungsaufgaben nützlich für die Prüfung seien. Wir debattierten oft darüber, aber es blieb erfolglos. Stattdessen überredete er mich, seine häuslichen Übungsarbeiten für ihn zu erledigen, was ich dann auch tat, denn es lohnte sich für mich. Dank seiner guten Verbindungen besorgte er mir dafür immer einen Sack voller Kartoffeln. Das war für mich ein wertvolles Entgelt in hungerträchtiger Zeit. Auch sonst hatte ich durch ihn viele Vorteile. Eines Tages lud er mich mit zwei anderen Kommilitonen zu einem Segeltörn ein. Er hatte es geschafft, ein großes Segelboot für eine Woche zu mieten. Zu viert segelten wir bei herrlichem Sommerwetter kreuz und quer auf den Brandenburger Seen, übernachteten auf dem Boot, verköstigten uns, sonnten uns, schwammen und tauchten vom Boot aus. Es war für uns arme Studenten ein tolles Erlebnis. Irgendwie schaffte er dennoch seinen Studienabschluss. Ich verlor ihn aus den Augen, hörte aber später, dass er in Westdeutschland ein großes Büro leitete.

In unserem Semester studierte auch eine junge Frau, damals in unserem Beruf noch eine Seltenheit. Sie hieß Fräulein Saborowski, sah gut aus und wurde von allen umschwärmt. Im Gegensatz zu den meisten Frauen besaß sie die Gabe, Zahlen und Mathematik zu mögen. Viele meiner Kommilitonen wollten immer gerne in ihrer Nähe sitzen. Ich hatte als einer der wenigen den Vorzug, sie näher kennenzulernen, die Vorlesungen mit ihr gemeinsam zu besuchen und einige Freizeit mit ihr zu verbringen. Das allerdings nur auf freundschaftlicher Basis, denn liiert war sie anderweitig. Es war dennoch eine nette, gemeinsame Studienzeit mit ihr.

Wer ist mir sonst noch in meinem Gedächtnis hängen geblieben? In unseren alten Militärklamotten steckten auch solche, denen der Krieg böse mitgespielt hatte. Einige waren amputiert, einer unter ihnen hieß Slawick, hatte ein Bein verloren und bewegte sich mit Krücken im Hörsaal. Ich kam später im Beruf noch oft mit ihm zusammen. Während des Studiums lernte ich die Kommilitonen Draheim, Erhardt und Giese kennen. Alle drei wurden Prüfingenieure, mit denen ich später beruflich laufend zu tun hatte. Einige unter uns schafften es zum Hilfsassistenten. Czempin war mehrere Jahre als Assistent bei Prof. von Halasz tätig, der auf dem Gebiet des Holzbaues eine Koryphäe darstellte und maßgebliche Literatur veröffentlicht hatte. Czempin war beinamputiert, half mir bei meinen Übungsarbeiten und wurde später als Prüfingenieur mein Berufskollege. Schmidt bekam beim Bausenat eine führende Stellung, war für das Dezernat Statik zuständig und erteilte Aufträge. Ich lernte in meiner Studienzeit viele Kommilitonen kennen, mit denen ich dann beruflich immer wieder zu tun hatte. In der Berliner Bauwirtschaft kannten wir uns fast alle untereinander.

## Studentenorganisationen

Eines Tages kam eine zensurgeplagte Studentengruppe unseres Semesters auf die wahnwitzige Idee, doch einmal unsererseits die Lehrbefähigung der Herren Professoren zu benoten; wir lebten schließlich in einer Demokratie. Die Idee fand allgemeine Zustimmung. Es dauerte nicht lange und ein Ausschuss gründete sich, dem auch ich angehörte. Er hatte die Durchführung unseres Vorhabens zu organisieren, die Wahllisten zu erstellen, die Umfragen bekannt zu machen und die Benotungen auszuwerten. Wir stellten Tische auf, legten Fragebögen als Wahllisten aus und ermunterten unsere Kommilitonen zum Wählen. Die Professoren beobachteten unsere Aktion unbeeindruckt. Die Stimmenauszählung führten wir korrekt und ordnungsgemäß durch. Unsere Aktion erwies sich als voller Erfolg. Die Mehrheit der Studenten hatte sich an der Wahl beteiligt. Die Ergebnisse veröffentlichten wir in unserer Studentenzeitung. Es gab im Großen und Ganzen recht gute Noten für die Professoren, allerdings auch einzelne schlechte. Sie nahmen es gelassen zur Kenntnis und erteilten uns unbeeinflusst nach wie vor ihre Zensuren.

Zur Vertretung der Studentenschaft gab es einen gewählten Studentenausschuss, den AStA, dessen Aufgabe darin bestand, studentische Belange zu verwalten und sie der Hochschule gegenüber durchzusetzen. Ich gehörte diesem Gremium an und lernte dadurch die parlamentarische Arbeit kennen.

Durch Verhandlungen mit dem Fahrschulverband gelang es, uns Studenten preiswert zur Führerscheinschulung zu verhelfen. Ich nutzte 1950 diese günstige Möglichkeit. Bereits in meiner Soldatenzeit hatte ich begonnen, den Lkw-Führerschein zu machen. Doch noch während meiner Fahrausbildung machte ein russischer Angriff das Experiment zunichte. Jetzt wollte ich mir den Pkw-Führerschein holen. Zu dritt meldeten wir uns in einer Schöneberger Fahrschule an. Mit anderen Schülern paukten wir gemeinsam die Vorfahrts- und Verkehrsregeln. Für den Fahrunterricht stand uns ein VW zur Verfügung, in dem wir mit dem

Fahrlehrer jeweils eine halbe Stunde durch Berlins Straßen fuhren. Die theoretische Prüfung bereitete uns keine Probleme, wir bestanden sie mit Leichtigkeit. Bereits nach vier Fahrstunden jedoch fuhr uns der Fahrlehrer zur Prüfstelle, denn wir sollten der Fahrschule nach Möglichkeit nur geringe Kosten verursachen. Ich protestierte, denn mir waren ja bisher nur wenige Fahrstunden zugestanden worden. Mein Einspruch half nichts. Als Erster musste ich dem Prüfer meine erworbenen Fahrkünste vorführen. Die Route führte durch das verkehrsreiche Stadtzentrum im Zoobereich und dauerte 45 Minuten. Ich musste auf die Straßenbahnschienen achten, musste ein- und ausparken, die Abbiegeschalter betätigen und war erstaunt, als der Prüfer amtlich erklärte, dass ich bestanden hätte. Damit bekam ich bereits am 1. April 1950 meinen Führerschein, und das war kein Aprilscherz.

## „Gaudeamus igitur"

Das fröhliche Studentenleben lernte ich ausgiebig in der Faschingszeit kennen. Die bekanntesten und begehrtesten Faschingsfeiern Berlins fanden in der HdK, der Hochschule der Künste, statt, die sich am Steinplatz befand. In der Anfangszeit wurde dort regelmäßig jedes Jahr ausgiebig und turbulent Karneval gefeiert. Die Feste erlangten eine stadtweite Berühmtheit und wurden von der Bevölkerung gerne angenommen. Durch angemessene Eintrittspreise wurden die Kosten gedeckt und der studentische Etat bereichert. Sämtliche Räume der Hochschule waren mit Wandmalereien und Girlanden üppig ausgeschmückt, in jedem Saal spielte eine Kapelle oder eine kleine Band. Jeder Raum war mit Musik erfüllt, überall wurde getanzt, getrunken, gelacht. Alle Besucher kamen karnevalsmäßig gekleidet, kostümiert und maskiert. In jedem Raum waren Getränkestände aufgebaut und verdunkelte Kuschelecken gab es auch. Es herrschte eine ausgelassene, fröhliche Stimmung bis in den frühen Morgen. Letztendlich musste die verlorene Zeit des Krieges nachgeholt und vergessen gemacht werden. Ich tobte mich in einem Cowboykostüm aus und ging schon mal durchgetanzt, noch leicht kostümiert, morgens zur Vorlesung, um dann, nach kurzem Schlaf, am Abend wieder weiterzufeiern. Von Weiberfastnacht bis Aschermittwoch verging kein Tag, an dem ich mich nicht ausgelassen vergnügte. Die Eintrittspreise der Veranstaltungen waren für unsere Verhältnisse sehr hoch. Wir schafften es jedoch meistens, uns über ausspionierte Hintereingänge Eintritt ohne Bezahlung zu verschaffen.

In späteren Jahren war ich einmal zufällig zur Karnevalszeit in Köln. Ich sah mir die Rosenmontagsumzüge an und war enttäuscht, in der Reihe der Beobachter keine singenden und schunkelnden Zuschauer vorzufinden, wie es immer berichtet wurde. Ich besuchte kleinere, interne Karnevalsveranstaltungen und fand sie eher langweilig, bei Weitem nicht so spritzig und turbulent, wie ich sie seinerzeit in der Berliner HdK erlebt hatte. Vielleicht lag es ja daran, dass ich mich dort allein aufhielt, mich nicht in Gesellschaft von Freunden befand und kein Verständnis für die rheinische Art des Karnevals aufbringen konnte.

Als Studenten leisteten wir uns schon mal mit einem Studentenulk öffentliches Aufsehen. Ein selbst ernannter, sogenannter Philosoph namens Kuny hatte eine seltsame Theorie erstellt, die wir schmunzelnd als Kunylogie bezeichneten, die es wert sei, verbreitet zu werden. In einem Demonstrationszug mit Hunderten Studenten, begleitet von Polizeieskorten, marschierten wir durch

Berlins Straßen mit dem Ruf „Wir wollen unseren Kuny haben!". Es erregte genügend Aufmerksamkeit, sodass die Zeitungen ausführlich darüber berichteten. Da die Aktion jedoch als Studentenulk abgetan wurde, hatte sie keine negativen Folgen.

Während der Blockade Berlins gab es sehr oft Stromsperren, stundenlang wurde die Beleuchtung abgesperrt, Berlin durch die Luft versorgt. Alle paar Minuten landete eine Frachtmaschine auf dem Tempelhofer Feld. Die häufigen Stromausfälle beeinträchtigten die Arbeitswelt außerordentlich, die Versorgung mit Nahrungsmitteln wurde knapp. In dieser Situation unterstützten die Amerikaner uns Studenten. Sie stellten uns im Amerikahaus einen Raum zur Verfügung, in dem wir unser häusliches Studium fortführen konnten. Als Besatzungsmacht waren sie von den Versorgungsengpässen nicht betroffen, hatten also durchgehend Strom zur Verfügung. Wir waren eine Gruppe von 40 Studenten aller Fakultäten, die nun in Ruhe bei Beleuchtung arbeiten konnte.

Ich gehörte zu den ausgewählten Glücklichen. Es war eine interessante Zeit, da wir nun hinreichend Gelegenheit hatten, uns über die verschiedenen unterschiedlichen Studienfächer austauschen zu können. Es entwickelten sich anregende interdisziplinäre Gespräche. Auf diese Weise erhielten wir erste Eindrücke von Fachrichtungen wie Chemie, Medizin, Physik, Architektur, Geologie. Wir verstanden uns alle gut miteinander und entwickelten ein gutes Verhältnis zueinander. Ein Chemiestudent versorgte uns mit jeder Menge Alkohol, den er aus vergälltem Alkohol durch Destillation gekonnt trinkbar gemacht hatte. Er wurde von uns gerne angenommen und mit Freuden getrunken. Ich freundete mich dabei mit einem Medizinstudenten an. Wir tauschten unsere Erfahrungen aus und besuchten uns gegenseitig. Unsere Familien verkehrten noch lange Jahre privat miteinander.

## Studienabschluss

Mein Studium nahm seinen planmäßigen Verlauf. Nach Beendigung des vierten Semesters stand die Vorprüfung an. Wir schrieben Klausuren, die bewertet wurden. In den einzelnen Fächern fanden mündliche Prüfungen statt. Ich bestand sie ohne größere Beanstandungen und erhielt mein Vorprüfungszeugnis. Von nun an konnte das Hauptstudium beginnen. Es war mit 14 Einzelfächern speziell auf das Bauwesen ausgerichtet. In Mathematik führte uns Prof. Szabó durch die ganze Palette der Algebra mit Funktionen, Gleichungen, Differential- und Integralrechnungen, imaginären Zahlen, Reihen- und Wahrscheinlichkeitsrechnungen bis hin zur Relativitätstheorie. Er verstand es, fast schon genial, uns die schwierigsten Berechnungen zu erklären, selbst wenn wir manches dennoch nicht verstanden. Computer und Taschenrechner gab es noch nicht. Wir rechneten noch nach alter Väter Sitte, logarithmisch mit dem Rechenschieber in der bewährten Methode: 2 × 2 = 3,99, abgerundet 4, wie wir es scherzhaft formulierten.

Die Vorlesungen zu Stahlbeton hörten wir bei Prof. Dischinger, der auf dem Gebiet Spannbeton führend war. Berühmt in der Baubranche, ist er der Öffentlichkeit in Berlin durch die nach ihm benannte Dischinger-Brücke bekannt geworden. Statische Berechnungen brachte uns Prof. Teichmann bei, Stahlbau unterrichtete Prof. Sattler. Bei ihm lernten wir das Konstruieren mit Stahlteilen und ihren Verbindungen. Außerdem hörten wir noch Vorlesungen in Holzbau, Grundbau und Baumaschinen. Das Fach „Eisenbahnwesen“ fürchteten die meisten Studenten, denn in der strengen mündlichen Prüfung fielen viele durch. Ich hatte Glück, bekam eine Arbeit, die ich beherrschte, und bestand sogar mit der Note „gut“. Das half mir später bei meinen Bewerbungen. Während zweier Semester brachte uns ein Jurist in launiger Weise juristische Grundbegriffe bei. Das half mir später bei Vertragsverhandlungen. In den Fächern Straßen- und Städtebau übten wir Trassierung und Verkehrsgestaltung. Im Fach „Chemie“ verleideten mir die vielen chemischen Formeln das Interesse. Mir genügte, welche chemischen Reaktionen die Erhärtung des Betons erforderten. Dagegen fand ich Physik weitaus interessanter. In einem Labor bekamen wir Gelegenheit, mit praktischen Versuchen feststehende Naturgesetze zu erkunden und durch Messungen auszuwerten.

Das Studium ging dem Ende zu. Zum Abschluss gehörte eine Hausarbeit. Wir konnten uns die Fachrichtung aussuchen. Ich wählte den Stahlbau und bekam vom begleitenden Professor Sattler eine Aufgabe zugewiesen. Meine Diplomarbeit umfasste die Berechnung und Konstruktion einer Eisenbahnbrücke aus Stahl, für die mir sechs Wochen zur Verfügung standen. Ich benötigte diese kurz bemessene Zeit dringend. Die Schwingungsberechnung der Brücke machte mir am meisten zu schaffen. Für die zwölf Konstruktionszeichnungen benutzte ich mein Reißbrett mit Holzschiene, bei den Beschriftungen halfen Schablonen. Nach einigen hilfreichen Besprechungen mit Professor Sattler konnte ich pünktlich meine Arbeit abgeben. Nach neun Semestern fanden die mündlichen Prüfungen in fast allen Fächern innerhalb von drei Wochen in fast allen Fächern statt. Im Abstand von zwei Tagen wurden wir in dem jeweiligen Fach einzeln, teilweise auch in kleinen Gruppen geprüft. Ich bestand alle Hauptprüfungen, jedoch nicht im Fach „Grundbau“, da hatte ich einen Prüfungsaussetzer und musste ein weiteres Semester anhängen. Im März 1952 erhielt ich schließlich mein Diplomzeugnis ausgehändigt und durfte mich fortan stolz Diplom-Ingenieur nennen.

# Arbeit und Beruf

## In Düsseldorf

Nun hatte ich zwar meinen Universitätsabschluss, aber noch keine Arbeit. Deutschland litt unter den Kriegsfolgen, die Wirtschaft hatte noch keine Fahrt aufgenommen, Arbeitslosigkeit herrschte. Folglich machte ich mich auf den Weg zum Arbeitsamt und beantragte „Stütze“. Da ich noch keine geleistete Arbeit nachweisen konnte, bekam ich nur geringes Geld. Mit Gelegenheitsjobs und dem Geringverdienst meiner Mutter konnten wir die Zeit überbrücken.

In einer Zeit großer Arbeitslosigkeit suchten ausländische Firmen in Deutschland Fachkräfte. Eine südafrikanische Eisenbahngesellschaft benötigte Ingenieure. Das interessierte mich, denn Afrika war mein Kindheitstraum. Ich bewarb mich, reichte meine Unterlagen ein und vertraute auf meine gute Note im Studienfach Eisenbahnbau. Ich wurde zu einem Erkundungsgespräch eingeladen, dann aber doch nicht angenommen. Später, als ich bereits im Beruf stand, bekam ich unerwartet ein Angebot der Eisenbahngesellschaft mit einer verbindlichen Zusage. Nach Beratungen in meinem Umfeld lehnte ich diesmal jedoch ab, denn in Deutschland hatte sich die Beschäftigungslage verbessert. Jetzt hatten also die Südafrikaner Pech gehabt. Außerdem spielten für meine Absage private Gründe eine wesentliche Rolle.

Nach etlichen vergeblichen Bewerbungen vermittelte mich ein Architekt, den ich kennengelernt hatte, an eine Baufirma nach

Düsseldorf. Ein Vorstellungsgespräch bei der Firma Boswau & Knauer verlief positiv, ich wurde eingestellt. Mein erstes Monatsgehalt betrug ganze 300 Reichsmark. Bei der Suche nach einer Unterkunft in der zerbombten Stadt fand ich schließlich im Stadtteil Gerresheim bei einer älteren Dame ein möbliertes Zimmer, allerdings für stattliche 90 Reichsmark Monatsmiete. Sie benötigte das Geld dringend. Denn da ihre Wohnung mit Glück von Kriegseinwirkungen verschont geblieben war, musste sie eine erhebliche Ausgleichsabgabe abführen. Erfreut fuhr ich zum festgesetzten Zeitpunkt Ende Februar mit dem Zug nach Düsseldorf, um pünktlich meine Stellung anzutreten. Ich marschierte frohen Mutes zur Firma, fand jedoch nur eine geschlossene Geschäftsstelle vor. Das wunderte mich, denn es war ein Montag. Endlich dämmerte es mir, es war ja Karneval, die fröhlichen Rheinländer feierten bis zum Aschermittwoch. Alle Geschäfte machten an den „tollen Tagen“ ihre Läden zu. Etliche Erwachsene liefen kostümiert auf der Straße, Kinder tollten herum und übten sich im Radschlagen, eine Düsseldorfer Besonderheit. Ich versuchte, dem fröhlichen Treiben vergeblich etwas abzugewinnen und trat am Donnerstag meinen Dienst an.

In der statischen Abteilung bei Boswau & Knauer (im Baujargon hieß sie Buff und Knuff) hatte ich Bau- und Bewehrungspläne für den Neubau eines Krankenhauses zu zeichnen. Ich lernte, wie solche Arbeit in der Praxis gehandhabt wurde. Nette und hilfsbereite Kollegen unterstützten mich dabei. Gelegentlich mussten wir für neue Bauvorhaben Ausschreibungen bearbeiten. Dann hatten alle Mann hin und her zu rechnen, bis der Endpreis stimmte, für mich etwas vollkommen Neues, das ich zu lernen hatte.

Mit der Straßenbahn fuhr ich zur Arbeit und nutzte das preiswert von einer Kantine angelieferte Mittagessen. Das Geld reichte gerade mal für die täglichen Kosten. An Wochenenden konnte ich mir in einem Restaurant den Luxus für ein Ragout fin erlauben, es schmeckte mir immer ganz besonders gut. Meine Vermieterin besaß einen zotteligen ungarischen Hirtenhund, den ich in meiner Freizeit gerne ausführte. Einmal im Monat besuchte mich Ria, meine Verlobte aus Berlin, und verbrachte das Wochenende mit mir. Wir bummelten dann die Königsallee, die bekannte „Kö“, entlang, sahen uns Schaufenster an und beobachteten das Leben und Treiben. Im Grunde genommen war Düsseldorf ja eine ganz nette Stadt, aber letztendlich gefiel mir mein einsames Leben in rheinischer Umgebung dann doch nicht mehr. Ich sehnte mich nach Berlin zurück.

## Im Ingenieurbüro Fritz Gottheim

Als ich durch Zufall erfuhr, dass in einem Berliner Ingenieurbüro ein junger Bauingenieur gesucht wurde, griff ich zu, kündigte meine Stellung bei Boswau & Knauer und fuhr frohen Mutes zurück nach Berlin.

Mein neuer Arbeitsplatz befand sich im Wohnzimmer der Familie Gottheim, bestand aus einem Schreibtisch mit Reißbrett und Lineal. Ein weiterer Tisch war für einen Ingenieur aus der DDR bestimmt, sein Name Achim Schulz. Ein dritter Schreibtisch war für den Chef reserviert. Wir fertigten statische Berechnungen und Konstruktionszeichnungen für kleinere und mittlere Bauvorhaben an. Auftraggeber waren private Bauherren und Baugesellschaften wie die Gewobag oder BeWoGe. Jeden Morgen hetzte ich zum Bahnhof Yorckstraße, fuhr mit der S-Bahn bis zur Station Sundgauer Straße nach Zehlendorf, raste in die Kilstetter Straße, schaffte es aber selten pünktlich ins Büro. Dennoch öffnete mir die Hausfrau immer freundlich, denn mein Chef schlief noch den Schlaf des Gerechten, hatte die Angewohnheit, erst am Nachmittag aufzutauchen.

Meine erste Amtshandlung bestand im Auspacken und Verzehren meines Frühstücksbrotes. Ich nahm das Telefon ab, die Anrufer erwarteten den Rückruf des Chefs, der dann allerdings erst verspätet am Nachmittag erfolgte. Deshalb besprachen die Auftraggeber dann die Arbeiten mit mir, weil sie mich für kompetent hielten. Mein Gehalt steigerte sich allmählich von 500 auf 800 Reichsmark.

Im Laufe der Jahre bekamen wir Zuwachs. Eine Frau als Anfängerin, deren Namen ich vergessen habe, blieb nicht lange, wechselte zu einem Prüfingenieur. Ich traf sie Jahre später in Hannover als angesehene Kraft eines dortigen Ingenieurbüros. Ein anderer Kollege kam als Flüchtling aus der DDR. Ich staunte über sein statisches Wissen und stellte fest, dass seine Ausbildung auf der dortigen Bauschule fast dem Fachwissen einer Universität entsprach. Unsere Arbeit bestand aus Konstruktionszeichnungen für Baustellen sowie aus statischen Berechnungen, die dem Bauamt eingereicht werden mussten. Sie wurden auf einer Schreibmaschine mit Spezialzeichen in fünffacher Durchschrift geschrieben. Dafür stand uns eine Schreibkraft zur Verfügung, die in Mariendorf wohnte, zu der wir unsere handschriftlichen Zahlenrechnungen hinbringen und wieder abholen mussten.

Als in unserem Haus in der Belziger Straße eine Wohnung frei wurde, mietete sich mein Kollege Achim Schulz dort ein. Auf diese Weise hatten wir bald privaten Kontakt untereinander. Seine Frau Felicitas, genannt Fe, war ausgebildete Bauzeichnerin. Sie bekam von unserem Büro Aufträge als freie Mitarbeiterin und fertigte benötigte Bau- und Bewehrungspläne an. Unsere Familien verstanden sich gut miteinander. Viele gemeinsame Feiern waren die Folge. Unser freundschaftliches Verhältnis dauerte lange Jahre, sogar bis zum Tode beider.

Im Laufe der Jahre konnte ich geschäftliche Verbindungen zu einigen Bauherren aufbauen. Ich hatte durch meine Telefongespräche immer persönlichen Kontakt mit den Auftraggebern und schlug meinem Chef deshalb eine Fusion vor. Er ging zwar auf meinen Vorschlag ein, doch so richtig funktionierte die Zusammenarbeit nicht. Die meiste Arbeit hatte ich zu erledigen, da er weiter bis in den Nachmittag hinein schlief. Deshalb beschloss ich eines Tages, mich selbstständig zu machen, zumal ich nach meiner Scheidung 1960 auch in privater Hinsicht nunmehr keine finanziellen Verpflichtungen zu erfüllen hatte. Wir trennten uns friedlich ohne gegenseitige Vorwürfe. Für mich begann damit beruflich ein neues Kapitel.

## Mein eigenes Ingenieurbüro

Meine Arbeitsstätte verlegte ich in meine Wohnung nach Schöneberg in die Belziger Straße. Nach meiner Scheidung war mir nur noch halb eingerichtetes Inventar verblieben. Das große Wohnzimmer richtete ich mit einem massiven Schreibtisch, meinen Zeichenutensilien und einem Telefon als Büro ein. An der Wohnungstür prangte ein Messingschild mit der protzigen Aufschrift „Ingenieurbüro Busche“. Mein Bankkonto verzeichnete ganze 500 Reichsmark, mein gesamtes Betriebsvermögen. Ich brauchte also dringend Aufträge und Geld. Die Vormittage nutzte ich daher zum Akquirieren, suchte die mir bekannten Firmen auf, allerdings nur mit wechselndem Erfolg. Die Nachmittage und Abende blieben der Statik vorbehalten.

Ich lernte den Chef der Holzbaufirma Gölker kennen, der für seine Firma einen Statiker benötigte. Meine Arbeit gefiel ihm und bald berechnete und konstruierte ich für ihn eine Vielzahl von Hausdächern. Durch ihn bekam ich einen ersten interessanten Auftrag der Firma Siemens für eine große Lagerhalle in Holzbauweise einschließlich der Statik und Konstruktion. Auf Richtfesten konnte ich bei den traditionellen Eisbeinessen und Biergelagen nützliche Gespräche anknüpfen. Dabei lernte ich die Chefs der Firmen Burgert und Lindow kennen. Es waren Baufirmen mittlerer Größenordnung, die in Berlin angesehen waren und gut zu tun hatten. Vom Richtfest aus zogen wir dann im Anschluss, meist in kleiner Gruppe, „um die Häuser" (wie es so hieß). Da unter den leitenden Bauführern so mancher Skatspieler war, blieb es nicht aus, dass wir uns regelmäßig nach Feierabend trafen, um einen ordentlichen Skat zu dreschen. Auf diese Weise bekam ich bald Aufträge für die Ausführungszeichnungen vieler ihrer Bauvorhaben. Meine Arbeiten entsprachen den Anforderungen der Baustellen und wurden dort für gut befunden. Fortan wurde ich wiederholt beauftragt.

Mobilität war nun vonnöten, ein Fahrzeug musste her. Mein erstes Auto, das ich mir leistete, war ein alter VW Käfer, noch aus Beständen der englischen Besatzungsmacht, mit einer Zwischengasschaltung und kleiner, ovaler Heckscheibe versehen. Der Fahrtrichtungsanzeiger für einen Richtungswechsel musste noch per Handschaltung betätigt werden. Ich erstand ihn für runde 700 Reichsmark und verkaufte ihn ein Jahr später für 900 Reichsmark. Im Laufe meiner Berufsjahre steigerte sich die Auto-Qualität vom VW Käfer über Ford Taunus und Volvo bis hin zum Mercedes. Für meine Mitarbeiter stand mit Fiat, Käfer, Opel, Volvo und BMW im Laufe der Zeit ein ausreichender Fuhrpark zur Verfügung.

Die Arbeiten wuchsen mir langsam über den Kopf. Ich konnte sie nicht mehr allein bewältigen, brauchte Mitarbeiter. Zunächst stellte ich meinen Halbbruder Manfred ein; er war bei einer Stahlbaufirma als Bauzeichner ausgebildet worden. Die Umstellung von Stahl auf Beton bewältigte er problemlos. Zusätzlich beschäftigte ich einen ehemaligen Dachdecker, Horst Pöhle. Er hatte in Abendkursen für eine Ingenieurausbildung Interesse gezeigt. Ich lernte ihn im Laufe der Zeit für Hochbauaufgaben an. Er war lernwillig und von leichter Auffassungsgabe. Als Autodidakt arbeitete er sich schnell in die Materie ein und war mir bald ein unentbehrlicher Mitarbeiter. Er hielt meinem Büro bis zum Ende meiner Berufstätigkeit die Treue. Auf diese Weise entwickelten wir uns bald zu einem zweckmäßigen Arbeitsteam.

Zwischenzeitlich hatte ich mein Büro von Schöneberg in die Untergeschossräume meines Spandauer Wohnhauses verlegt. Ich bearbeitete die statischen Berechnungen, meine Mitarbeiter waren für die Bauzeichnungen zuständig. Meine Arbeiten waren gefragt, ich hatte gut zu tun, musste zeitweilig weitere Mitarbeiter einstellen. Für den Zoo bearbeiteten wir Ausführungszeichnungen der Wirtschaftsgebäude, der Fasanerie und des Nashornhauses. Dazu kamen verschiedene Wohnhausbauten. Die Steuer meldete sich zur Prüfung an. Der Zufall wollte es, dass dazu der Bruder meines Mitschülers Rainer Barzel ausersehen wurde. Die Prüfung ergab erfreulicherweise keine wesentlichen Beanstandungen. Fortan hatte ich meine Ruhe vom Finanzamt.

Ein besonderes, eher schon merkwürdiges Verhältnis entwickelte sich mit einem Architekten. Er hieß Werner J. (sein Name sei aus Datenschutzgründen nicht genannt!). Er war in seinem Beruf nicht besonders ideenreich, dafür aber kaufmännisch durchtrieben und leicht spleenig. Er spielte mit dem Gedanken, an der Universität das Diplom, besser noch den Doktortitel zu erlangen. Dazu sollte ich ihm verhelfen. Mit Nachhilfeunterricht in Statik und Mathematik sollte ich ihn prüfungstauglich machen, was sich natürlich als Utopie herausstellte. Er besorgte sich Prüfungsaufgaben, die ich ihm erklären musste. Als Gegenleistung lud er mich zum Essen in teure Restaurants ein. Mit seinem Luxusauto fuhren wir in seine komfortable Wohnung nach Frohnau oder sogar zu seiner Familie nach Hildesheim. Unsere beiden Frauen verstanden sich recht gut, verreisten sogar miteinander. Doch alle Versuche, sein statisches Verständnis zu wecken, blieben erfolglos. Er erlangte, auf welche Weise auch immer, eine Jagd- und eine Pilotenausbildung, jedoch nicht das ersehnte Diplom. Für Kurzausflüge hatte er sich ein Cessna-Kleinflugzeug gekauft. Oft, wenn ich freitags in sein Büro kam, erkundigte er sich nach dem Wetter, um die Starterlaubnis für seinen Wochenendflug an die See zu bekommen. Wie ich später erfuhr, erkaufte er sich in Ungarn für einen höheren Betrag tatsächlich noch einen Doktortitel (allerdings kein Dr.-Ing.). Durch sein kaufmännisches Geschick verschaffte er sich Aufträge für größere Bauvorhaben, die sein fachlich gut besetztes Büro bearbeitete. Ich profitierte davon, durfte die dazu erforderlichen statischen Berechnungen erstellen und verdiente recht gut dabei.

## Meine Tätigkeit als Prüfingenieur

Gemäß unserer Bauordnung müssen sämtliche Bauunterlagen dem Bauamt zur Genehmigung eingereicht werden. Sie werden dort von den verschiedenen Abteilungen geprüft. Dazu gehört auch die erforderliche Statik. Da die Ämter keine Fachkräfte für komplizierte statische Berechnungen ausgebildet haben, werden Prüfingenieure beauftragt. Diese Ingenieure müssen dann die dem Bauamt eingereichten statischen Unterlagen prüfen und die Standfestigkeit der Bauten bescheinigen. Die Bewerber für diese Aufgabe werden von der Behörde auf Eignung geprüft und erhalten dann ihre Zulassung.

In Zeiten des Mauerbaues kannte man sich in den Baukreisen Berlins ganz gut untereinander. Es sprach sich herum, wie jedes Büro aufgestellt war und welche Leistungen von ihm zu erwarten waren. Meine Arbeiten wurden im Allgemeinen für gut befunden. Nach zehnjähriger Selbstständigkeit hielt ich es nun für angemessen, mich für die Stellung eines Prüfingenieurs zu bewerben. Notwendig war dazu noch eine halbjährige Tätigkeit in der Bauführung. Meine Praxis als Bauleiter konnte ich bei einer mir bekannten Baufirma absolvieren. Während dieser Zeit erledigten meine Mitarbeiter alle anfallenden Aufgaben, ich kontrollierte dann abends ihre Arbeiten.

Nach meiner Bauleitertätigkeit reichte ich meine Bewerbungsunterlagen beim Bausenat ein. Da ich bei den dortigen Dienststellen nicht unbekannt war, wurde ich eines Tages zu einer eingehenden mündlichen Prüfung vorgeladen. Im September 1970 erhielt ich schließlich meine Zulassung als Prüfingenieur. Es war schon etwas Besonderes, denn in Berlin waren nur 24 Ingenieure insgesamt für diese Aufgaben zugelassen. Ich wurde als zugelassener Prüfingenieur von den Bauämtern oder vom Senat Bauen/

Wohnen mit der Prüfung der statischen Berechnungen beauftragt, musste die dort eingereichten Unterlagen abholen, prüfen und mit Prüfbericht wieder abliefern. Es waren sehr oft umfangreiche Berechnungen in dicken Ordnern. Erst nach meinem Okay konnte eine Baugenehmigung erteilt werden. Auf der Baustelle hatte ich die Bauleitung zu überwachen, die Ausführung der Arbeiten auf Übereinstimmung mit der Statik zu überprüfen und bei der Rohbauabnahme die Richtigkeit zu bescheinigen. Ich hatte jedes Jahr zahlreiche Bauvorhaben zu bearbeiten, Einfamilienhäuser, Umbauarbeiten, mittlere und große Wohngebäude sowie öffentliche Bauten und Schulen, ein Großteil davon im Bezirk Spandau.

Natürlich musste ich mein Büro vergrößern, hatte fachlich gute Mitarbeiter, zeitweise sechs Ingenieure und eine Sekretärin. Ihre Namen habe ich nicht vergessen und möchte sie kurz einmal benennen: Herr Pöhle (von mir ausgebildet), der Diplom-Ingenieur Bruchmann (später selbst Prüfingenieur), Bengs und Finck (unser Senior), Bau-Ingenieur Hadam sowie Dr. Ingenieur Hamaekers. Das Sekretariat versorgte Frau Brien vortrefflich mit einer IBM-Schreibmaschine und dem Telefon. Wir waren ein Team, das harmonisch zusammenarbeitete.

Jedes Jahr zur Weihnachtszeit veranstaltete ich ein Büro-Fest. Gemeinsam mit den jeweiligen Partnern meiner Mitarbeiter kamen wir in unseren Büroräumen zusammen, dazu als Gäste einzelne Angestellte des Bauamtes sowie auch mein Steuerberater. Speisen und Getränke wurden in ausreichender Menge bestellt. Bei fachlichen Gesprächen und privaten Plaudereien wurde gegessen, getrunken und geraucht, in lustiger Runde gelacht, erzählt, schließlich auch viel und lautstark gesungen. Die Frau meines Mitarbeiters war firm in allen Volks- und Wanderliedern und trug damit wesentlich zur fröhlichen Stimmung bei. Alle waren begeistert und oft endete unsere Feier erst am frühen Morgen.

Vormittags kontrollierten wir auf den Baustellen mehrfach die in Abschnitten fertiggestellten Bauarbeiten, prüften die verlegte Bewehrung auf Übereinstimmung mit den Bauplänen und erteilten die Genehmigung zum Betonieren. Zur Überwachung der Betonfestigkeit forderten wir jeweils Probewürfel an. In einem Prüfbericht hielten wir notwendige Beanstandungen fest und besprachen mit dem Polier die erforderlichen Mängelbeseitigungen. Ich übernahm meistens zwei bis drei Baustellen täglich. Zur Rohbauabnahme war meine Anwesenheit erforderlich. Sämtliche Prüfungen und Berichte meiner Tätigkeit mussten vorliegen. Dann erst konnte die bauaufsichtliche Rohbau-Abnahme bescheinigt werden.

Im Büro wurden von uns die statischen Berechnungen und Ausführungspläne mit den Bewehrungszeichnungen geprüft, daneben auch Kontrollberechnungen durchgeführt. Anfangs benutzten wir noch Rechenschieber, dann folgten Magnetkartenrechner der Firma Olivetti und schließlich auch Taschenrechner. Ich hatte zwei Generationen der Olivetti-Rechner angeschafft. Die jeweils kompakten Apparate waren noch umständlich in ihrer Bedienung. Auf den einzelnen Magnetkarten standen mathematische Formeln, die Zahlenergebnisse berechneten. Ich hatte einmal versucht, eine komplizierte Formel auf solch einer Karte zu installieren, dazu jedoch einige Nächte benötigt. Computer gab es erst ganz zum Schluss meiner Tätigkeit, ich konnte sie leider nicht mehr nutzen.

Inzwischen hatte ich in der Rognitzstraße eine ganze Büroetage gemietet, sie befand sich unmittelbar neben der Stadtautobahn. Gleich nach der Wende benötigte der Eigentümer die Räume selbst und kündigte mir. Ich musste mit dem Büro noch für einige Jahre in die Akazienallee umziehen. Mit einem Alter von 70 Jahren endete meine Zulassung als Prüfingenieur. Eigentlich hatte ich meine berufliche Tätigkeit damit beenden wollen, doch das war so einfach nicht durchführbar, ich musste noch zwei Jahre anhängen. Etliche Bauvorhaben waren noch nicht abgeschlossen, meine Mitarbeiter mussten finanziell abgefunden und bei Kollegen untergebracht werden, alle Bauunterlagen mussten abgeschlossen sein und an die Ämter zurückgegeben werden. Dann erst konnte ich mein Büro auflösen.

Nun endlich, mit 72 Jahren, durfte ich mein Rentnerleben beginnen und genießen.

## Vereine und Verbände

Ich war bestrebt, politisch flexibel zu bleiben und mich deshalb weder einer Partei anzuschließen noch ihr gar als Mitglied beizutreten. Dagegen war ich daran interessiert, mich bei neutralen Organisationen durchaus fachpolitisch und sozial einzubringen. Ich strebte jedoch keine ausgesprochene Führungsposition an, schon weil ich als Redner nicht geeignet bin, sondern suchte vielmehr beeinflussende und korrigierende Tätigkeiten im jeweiligen Vorstand. Ich möchte in diesem Kapitel nur darüber berichten, was ich dabei in den einzelnen Vereinen selbst erreichen konnte, nicht jedoch über das Vereinsleben.

Im Sportbereich entschied ich mich, mit Tennisspielen etwas für meine Gesundheit zu tun. Die Verbesserung unserer reizvollen Klubanlage lag mir am Herzen. Sie befand sich im Sportgebiet des Poststadions, abgelegen, mit viel Grün. Im Vorstand konnte ich hinreichend bei der Gestaltung des Außenbereichs Einfluss nehmen, ebenfalls bei der Klubrestauration und bei den gesellschaftlichen Belangen. Beim Umbau des Klubhauses war ich beruflich gefragt. Die Arbeit im Vorstand machte mir Spaß, zumal ich auf diese Weise doch so einiges bewegen konnte.

Im beruflichen Bereich war ich erheblich aktiv. Der Architekten- und Ingenieurverein (AIV) bot mir ausreichend Gelegenheit. Ich arbeitete viele Jahre im Vorstand und bestimmte zusammen mit dem ersten Vorsitzenden, Senatsrat Joachim Darge, als zweiter Vorsitzender die Richtlinien des Vereins. In diversen Ausschüssen, bei den Bau-Sachverständigen, bei den zahlreichen Baubesichtigungen und den vielseitigen Architektur-Reisen ins In- und Ausland bewährte sich die gute Zusammenarbeit mit Achim Darge, mit dem ich lange Zeit freundschaftlich und auch privat verbunden war. Maßgeblich gehörte auch der Chef der Berliner Bauaufsicht, Ernst Schiebeler, dazu, mit dem ich ebenfalls befreundet war (wir spielten sehr oft Skat zusammen). Im Vorstand des Vereins mit seinen rund 500 Mitgliedern bildeten wir ein erfolgreiches Team. In arbeitsreichen Sitzungen bewältigten wir die Aufgaben vieler beruflicher Belange. Dazu gehörte auch die jährliche Auswertung des Schinkel-Wettbewerbs für junge Architekten und Ingenieure mit öffentlicher Preisverleihung und einer Festveranstaltung.

Eine weitere Aufgabe kam auf mich zu. In einem kleinen Arbeitskreis mit Vertretern aus den verschiedenen Berufsverbänden trafen wir die Vorbereitungen zur Schaffung einer Baukammer. In etlichen Sitzungen diskutierten wir eine Satzung. Prof. Bornemann, der die Berliner Oper entworfen hatte, plädierte für eine getrennte Architektenkammer. Ich vertrat die Belange der Ingenieure. Nach einigen Fehlschlägen erlangten wir die Zustimmung der Abgeordneten des Berliner Senats. Eine Baukammer konnte gegründet werden.

Wir Berliner Prüfingenieure trafen uns des Öfteren zur Besprechung beruflicher Belange. Jährlich fand eine Tagung des Bundesverbandes der Prüfingenieure für Bautechnik statt, wechselnd in verschiedenen Orten der Bundesrepublik. Eines Jahres war auch Berlin an der Reihe. Wir mussten mit 600 bis 900 Besuchern rechnen. Für den Tagungsablauf und die Ausrichtung der Fachvorträge sorgte die Bundesvereinigung, ich übernahm den gesellschaftlichen Teil der Vorbereitungen, für den wir Berliner zuständig waren. Dazu gehörten Hotelreservierungen, Beiprogramme mit Stadtführungen sowie die Ausrichtung der obligatorischen Festveranstaltung mit Musik, Tanz, Festessen und Programm. Alles klappte und ich war erleichtert, als die Tagung reibungslos verlaufen war.

Im Lions Club (LC) interessierten mich soziale und gesellschaftspolitische Belange. Es handelt sich dabei nicht um einen Verein, dem man problemlos beitreten kann. Mitglieder werden vielmehr ausgewählt und empfohlen. Ich erhielt 1974 eine Einladung des LC Berlin und wurde als Mitglied aufgenommen. Ziele sind: Völkerverständigung, freundschaftliche Verbindung untereinander, humane Hilfe Bedürftiger, Toleranz, staatsbürgerliche Verpflichtung, politische Neutralität. Der Leitsatz lautet „We serve“. Die Mitgliederzahl in einem Lions Club ist auf 30 bis 40 Personen begrenzt.

Es verging gerade mal ein Jahr, da wurde ich bereits in den Vorstand gewählt, blieb dem Vorstand alle weiteren Jahre erhalten und bin es bis heute immer noch. Viele Jahre war ich außerdem noch im Kabinett tätig, in dem rund 80 Lions Clubs aus der Region Berlin, Brandenburg, Mecklenburg vertreten sind. Nach dem Mauerfall verließ ich den LC Berlin und gründete als neuen Lions Club den LC Berlin-Sanssouci. Im Kabinett hatte ich die Aufgabe übernommen, die sich neu bildenden Lions Clubs in den neuen Bundesländern zu begleiten und ihre Gründung zu ermöglichen. Gemeinsam mit dem früheren Präsidenten des Berliner Abgeordnetenhauses Peter Rebsch konnten wir 25 neue Lions Clubs gründen. Hilfsbedürftige, um die wir uns kümmern und die wir unterstützen, sind Altenheime, Obdachlose, Blinde, Schulen, der Berliner Zoo sowie viele Einzelaktionen. Freundschaftliche Beziehungen verbinden uns mit den Clubs LC Usedom und LC Potsdam.

Weiterhin möchte ich noch den Klausen-Kreis erwähnen. Namhafte Persönlichkeiten aus Politik und Wirtschaft trafen sich montags in einem Lokal, also in einer Klause, zu einem zwanglosen Stammtisch. Bei Bier oder anderen Getränken kam man in größerer Runde zu privaten und persönlichen Gesprächen zusammen. Unter anderen konnte ich mich mit Heinrich Lummer, Erich Marx, Kurt Neubauer oder Hans Rosenthal unterhalten. Schauspieler wie Wolfgang Gruner, Horst Niendorf oder Jochen Schröder ließen sich ebenfalls oft sehen. Es waren immer unterhaltsame Abende, fern von jeglicher Publizität. Ich lernte dabei viele Persönlichkeiten in ihrem persönlichen Umfeld kennen und schätzen.

# Meine Ehejahre

## Kinojahre

In unserem Wohnhaus, in der Belziger Straße Nr. 1, Ecke Hauptstraße, befand sich ein Kino, es hieß „Tonburg". Stolze Besitzerin war eine alles beherrschende Frau, Wilhelmine Langer mit Ehemann Otto, genannt Otschi. Zur Familie gehörten zwei Töchter, Maria und Juliane. Das Kino hatte 200 Sitzplätze und war in der unterhaltungshungrigen Nachkriegszeit sehr oft ausverkauft. Zum Personal gehörte neben dem Filmvorführer ein umsichtiger Pförtner, der so manches Mal den Einlass vor dem anstürmenden Publikum verteidigen musste. Eine Platzanweiserin und eine Toilettenfrau waren für den Innenbereich zuständig.

Eine wichtige Person, nämlich eine zuverlässige Kassiererin, war Mangelware, eine gute Gelegenheit für meine Mutter. Unser Cousin, der auch dieses Kino mit Filmplakaten belieferte und dadurch mit der Familie bekannt war, vermittelte ihr die begehrte Stelle. Im kleinen Kassenraum sitzend, verkaufte sie den anstürmenden Kinogängern die Eintrittskarten. Es wurde ihre zukünftige Lebensstellung. Wenn auch die Bezahlung nicht gerade üppig war, konnten wir beide in den ersten Jahren davon leben. Mit ihrem stets freundlichen Wesen war meine Mutter bald überall bekannt und beliebt.

Bei einem Standortwechsel des Kinos nach Wilmersdorf zum Ludwig-Kirch-Platz verkaufte sie auch dort wieder die Kinokarten. Noch bis ins hohe Alter legte sie täglich den weiten Weg zu

Fuß zurück, sogar spätabends bei Dunkelheit. Sie ließ sich diese Tätigkeit nicht nehmen, übte sie gewissenhaft und gerne aus. Als in späteren Jahren die Kinopleite einsetzte, fand sie noch eine Anstellung in einem Spandauer Kino, bis dann auch dieses Kino schließen musste.

## Tochter Maria

Im Kinovorraum war ein Verkaufsstand für Süßigkeiten aufgebaut, bei dem sich die Besucher mit Knabbereien versorgten. Diesen Stand betrieb die Tochter der Inhaberin, Maria, genannt Ria. Sie sah gut aus, gekleidet in eine auffallend rote Strickjacke. Sie gefiel mir, ich suchte ihre Bekanntschaft und erfuhr, dass sie aus geschiedener Kriegsehe einen vierjährigen Sohn hatte, der aber gemäß Gerichtsentscheid beim Vater lebte. Da sie sich auch für mich interessierte, dauerte es nicht lange, bis wir ein Paar wurden. Ich war da zum ersten Mal richtig verliebt. Ihre Mutter, konvertierte Katholikin, strenggläubig, bestand darauf, dass ihre beiden Töchter jeden Sonntagvormittag zur Messe in die Kirche gingen. Als ich sie in Ehren begleitete, stellte ich erstaunt fest, dass wir nicht in der Kirche, sondern im nächsten Restaurant landeten, wo Schwester Juliane ihren amerikanischen Freund Jonny traf. Bald waren wir eine kleine Gesellschaft, die viel Gemeinsames miteinander unternahm. Juliane ging mit ihren beiden kleinen Töchtern bald nach Amerika und heiratete ihren Jonny.

Ich wurde der Familie vorgestellt und akzeptiert. Zur sonntäglichen, familiären Kaffeerunde wurde ich von nun an immer eingeladen. Ein alter Opel diente der Familie als Geschäftsauto; mit ihm fuhren sie auch in den Urlaub. Ich durfte überraschenderweise einmal mitfahren. Das Reiseziel war Bayern. Vorn saßen die Eltern, ich mit Ria auf dem Rücksitz. Für mich Flachländer war es ein riesiges Erlebnis, als ich zum ersten Mal in meinem Leben die herrliche Gebirgslandschaft sehen durfte. Mit Bewunderung betrachtete ich die mächtigen bayerischen Berge. Als wir eines Nachmittags am Tegernsee im Café saßen, mit Blick auf den Walberg, beschloss ich mutig, ihn zu besteigen. Gebirgsunkundig, wie ich war, kletterte ich auf direktem Weg über fast senkrechte Felsklippen bergaufwärts und erreichte spätabends das Gipfelkreuz. Bei Dunkelheit machte ich mich dann auf den Rückweg und wurde von der bereits alarmierten Bergwacht mit strafendem Blick in Empfang genommen.

## Meine erste Ehe

In Schöneberg wohnten wir beide im selben Haus, ich mit meiner Mutter in der vierten Etage, Ria bei ihren Eltern in der dritten. Wenn sie mich besuchte und wir auf meiner alten Couch die Zeit nützlich verbrachten, dauerte es nicht lange, bis es klingelte und ihre Mutter sie für (natürlich) wichtige Angelegenheiten benötigte. Weil das mehrmals am Tage zutraf, war ich nicht sehr begeistert. Wir versuchten dennoch, die Situation zu akzeptieren.

Es kam, was sich angedeutet hatte. Am 12. September 1953 heirateten wir, im Einvernehmen beider Elternteile. Trauzeugen waren meine beiden Schulfreunde Heinz Fehlau und Jürgen von Schultz. Die Hochzeitsfeier fand in kleinem Kreis statt, im Café nahe dem Schlosspark-Theater. Mit Eltern und Freunden waren wir 16 Personen.

Wir hatten Glück, dass in unserem Hause gerade eine große Dreizimmerwohnung frei wurde, in die wir einziehen konnten. Wir renovierten die Zimmer mit Raufasertapeten, die ich mit großblättrigen Pflanzen bemalte. Von ihrer stets Einfluss nehmenden Mutter sollten wir ein altertümliches Bett bekommen, was ich ablehnte. Ich setzte mich durch, wir erfreuten uns vielmehr an einfachen, aber selbst erstandenen Möbeln. Als ganz besonderes Mobiliar erstanden wir unseren ersten Kühlschrank, damals fast schon ein Luxusinventar. Das nötige Kleingeld verdienten wir uns durch den Verkauf von Süßigkeiten am Kinostand. An jedem Sonntag traf sich die Familie zum Kaffeenachmittag. Außer uns beiden kamen noch Verwandte meines Schwiegervaters aus Ostberlin. Neben Ost-West-Gesprächen stand das Thema „Filme" ausgiebig auf der Tagesordnung, denn beim Filmverleih mussten Filme für das Kino ausgesucht werden, die beim Publikum ankamen. Ich lernte dadurch viel über die Filmbranche und durfte oft zu Voraufführungen oder Filmpremieren mitgehen.

Durch eine Verbindung von Rias leiblichem Vater, der in München lebte, erhielten wir eine Einladung in die Schweiz. Wir durften für diese Ferienreise den alten Opel meiner Schwiegereltern benutzen. Von Bekannten hatten wir uns zum Übernachten ein Zelt ausgeliehen. Es wurde eine erlebnisreiche, vierwöchige Fahrt durch das Rheinland, den Schwarzwald, zum Titisee, über den Gotthardpass bis nach Lugano. Ich war von der Schweizer Landschaft des Tessins begeistert.

Wir wohnten auf Kosten des einladenden Freundes in einer Schweizer Pension. Von den Pensionsinhabern wurden wir als Deutsche anfangs noch recht reserviert und skeptisch aufgenommen. Das änderte sich jedoch später nach näherem gegenseitigem

Kennenlernen. Das Essen, das wir dort bekamen, war für uns nicht gerade üppig, beinahe spartanisch. Ausgehungert kauften wir uns ab und zu eine Tafel Schokolade, die wir uns gerade noch leisten konnten. Einige Male lud uns der gastliche Freund zu üppigem Essen in ein Restaurant ein. Darauf freuten wir uns besonders, denn dann konnten wir uns mal so richtig satt essen. Durch einen von uns nicht verschuldeten Autounfall durften wir für die Dauer der Reparatur unseres Fahrzeuges noch eine Woche länger in der Schweiz bleiben. Wir nutzten die Zeit mit ausgedehnten Wanderungen in der wunderschönen Berglandschaft. Auf unserer Rückfahrt zelteten wir in den Alpen an einem Wildbach. Dumm und unvorsichtig zündete ich im Zelt den Spirituskocher an und goss Brennflüssigkeit nach. Mit einem lauten Knall explodierte das Gemisch, meine Haare samt Zelt standen in Flammen, wir schafften es gerade noch rechtzeitig ins Freie. Damit endete unsere schöne Reise.

Einige Jahre später konnten wir in Neukölln ein kleines Kino mit 70 Plätzen pachten. Wir hatten durch den Kinobetrieb meiner Schwiegereltern genügend Erfahrung in der Filmbranche. Jeden Abend fuhren wir nach Neukölln, auf viele Kinobesucher hoffend. Da aber das Fernsehen bereits im Kommen war, konnte keine üppige Besucherquote erzielt werden; wir kamen gerade so über die Runden. Das Kino meiner Schwiegereltern, die „Tonburg“, brachte ebenfalls nicht mehr genügend Geld ein, es wurde verkauft. Die Eltern zogen nach Prien am Chiemsee und versuchten dort einen Neuanfang im Kinogeschäft.

In unserem Hause hatte ein Arzt, Dr. van Lessen, seine Praxis. Wir lernten uns privat kennen und wurden durch ihn mit zwei Zahnarztfamilien bekannt. Daraus entstand bald ein Freundeskreis, der sich untereinander gut verstand. Mehrmals in der Woche verbrachten wir die Abende gemeinsam, trafen uns in Restaurants oder Bierkneipen, aber auch in unseren Privatwohnungen. Es ging locker zu, es wurde erzählt, gelacht, getrunken, manches Mal auch gesoffen und geraucht, oft bis spät in die Nacht. Barbesuche waren keine Seltenheit. Wir waren eine ausgelassene Gesellschaft, hatten unsere Stammkneipe, in der wir viele Abende verbrachten. Wir hatten Freude am Eiskunstlauf, besuchten viele Veranstaltungen, sahen uns die Eiskunstlaufmeisterschaften im Berliner Sportpalast an. Ria war ein Fan von Ina Bauer, einer fantastischen Kürläuferin, die es in Pflichtläufen jedoch nie zu Meisterschaftspreisen schaffte.

Es kam, was kommen musste. Unsere Flitterwochen waren lange vorbei. Irgendwie harmonierte unsere Ehe nicht mehr. Als gehörnter Ehemann wurde ich 1960 schuldlos geschieden. Das Abenteuer „erste Ehe“ war nach sieben Jahren beendet.

## Pünktchen

Die Scheidung machte mir noch lange Zeit zu schaffen, ich hatte schwer daran zu knabbern. Das Alleinsein gefiel mir nicht, ich suchte eine neue Bindung. Von Bekannten erfuhr ich, dass die Ehe des Zahnarztes Eberhard Kallasch nicht mehr bestand. Seine geschiedene Frau, genannt Pünktchen, hatte mich bereits schon früher interessiert, als wir noch befreundet waren. Ich verabredete mich mit ihr und da dauerte es nicht lange, dass es bei uns beiden funkte. Sie hatte eine niedliche, fröhliche vierjährige Tochter, ein Sonntagskind. Nur wenige Tage nach dem Mauerbau, am 12. August 1961, heirateten wir kurz entschlossen. Die Hochzeitsfeier fand in kleinem Familienkreis statt. Anschließend fuhren wir für zwei Wochen in das Weser Bergland. Meine Mutter nahmen wir mit, sie kümmerte sich um Tochter Andrea. Das kleine lustige Mädchen entpuppte sich als Vegetarierin, knabberte rohe Rüben und Kohlrabi, die sie von den Feldern stibitzte.

In Berlin freundeten wir uns mit dem Ehepaar Wohlgemut an, das mit anschaulichen Erzählungen und Fotos von der österreichischen Bergwelt schwärmte. Das veranlasste uns, auf unserer ersten Urlaubsreise in Richtung Alpen zu fahren. Wir kamen nach Sölden und lernten auf Bergwanderungen die Ötztaler Berge schätzen und lieben.

Wir freundeten uns mit dem Inhaber des Hotels „Bergland" an. Er hieß Valentin, war in den Dörfern des Ötztals bekannt und einflussreich. Wenn wir mit ihm und einigen Freunden abends durch die Restaurants der Orte zogen, spielte bei seinem Erscheinen jede Blaskapelle sofort sein Lieblingslied: „Man müsste noch mal zwanzig sein und so verliebt wie damals ...". Er war spendabel, zahlte bei unseren Barbesuchen stets sämtliche Rechnungen, niemals jedoch in seinem eigenen Hotel, da mussten wir ihn immer einladen.

Erste Skilaufversuche brachte uns Skilehrer Franz bei. Unsere fünfjährige Andrea erlernte es schneller als wir und lief uns davon. Besonderen Winterspaß hatten wir, wenn wir mit der Seilbahn auf den 2800 Meter hohen Gaislachkogel fuhren, um mit dem Schlitten ins Tal zu rodeln. Nach solch einer Tour schmeckte der „Jagertee" besonders gut. Wir fanden Gefallen an der Bergwelt und verbrachten etliche Urlaube, Sommer wie Winter, in Sölden. Ich fotografierte viel und gerne. In jener Zeit trafen wir uns sehr oft mit Freunden, um uns gegenseitig unsere mühsam erstellten Fotoalben anzusehen. Bei den stundenlangen Dia-Vorführungen blieb ein schläfriges Gähnen dann nicht aus, selbst wenn prächtige Aufnahmen unbekannter Regionen neue Reiselust aufkommen ließen.

Von Schöneberg zogen wir 1965 nach Spandau in unser neues Haus. Pünktchen kümmerte sich sorgfältig und umsichtig um den Haushalt und um alle häuslich nötigen Belange, umsorgte Andrea und versorgte unseren Pudel. Ich fuhr morgens ins Büro nach Charlottenburg, kontrollierte die Baustellen, erledigte meine Büroarbeit und kam abends zum Essen nach Hause. Andrea beendete ihre Schul- und Berufsausbildung. Freunde waren bei uns gern gesehene Gäste, Freundschaften wurden gepflegt. Die Wochenenden verbrachten wir sehr oft im Tennisklub. Ich fand immer Tennispartner, mit denen ich Einzel und Doppel spielen konnte. Kein Tag verging ohne Skatpartien, bei denen Bierrunden ausgespielt wurden. Andrea hatte ihren Spaß am Tennis und spielte ehrgeizig mit gleichaltrigen Spielerinnen in einer Mannschaft. Pünktchen beschäftigte sich lieber in ihren Freundeskreisen, sah sich mit Interesse die Spiele an und unterhielt sich dabei. Als wir dann unsere Ferienwohnungen hatten, fuhren wir an unseren Wochenenden in den Harz oder auch nach Kaprun. Sehr viele und schöne Reisen in alle Welt rundeten unsere gemeinsame Freizeit ab.

Pünktchens Familie wohnte in Steglitz, die Eltern in der Birkbuschstraße, ihre Schwester im Amfortasweg, gleich um die Ecke. Zu Familienfeiern trafen wir uns alle immer in Steglitz, aßen, tranken und feierten gemeinsam. Pünktchens Vater, Franz Driesen, starb frühzeitig bereits 1972. Ihre Mutter Elisabeth beendete ihr Leben nach langem schwerem Leiden, bei dem sie sich weder bewegen noch sprechen konnte, ein Schicksal, das man niemandem wünscht. Schwester Helga wurde mit ihren drei Töchtern von ihrem Mann treulos verlassen. Als ihre Kinder sich selbstständig machten und sie allein lebte, besuchte Pünktchen sie mehrmals wöchentlich. Beide verbrachten dann die gemeinsame Zeit viel mit Kartenspielen. Helga wurde pflegebedürftig und nahm sich 2002 das Leben. Ihr Tod traf Pünktchen schwer, aber sie verkraftete es tapfer. Einige Zeit später bekam sie Durchblutungsstörungen im Bein, musste mehrfach operiert werden und starb unerwartet am 5. November 2010 im Krankenhaus. Nun hatte mich mein liebes Pünktchen verlassen. Sie hatte es in ihren 85 Lebensjahren nicht leicht gehabt, aber alle Unbill mutig und tapfer mit immer fröhlichem Gemüt ertragen.

## Ein wirklich entbehrliches Kapitel

Weil ich nun bei dem Thema „Sterben“ angelangt bin, will ich es auch abschließen.

Mein Vater starb im Alter von 72 Jahren an Krebs, mein jüngerer Halbbruder durch Herzinfarkt bereits mit 49 Jahren. Am 3. Juni 1996 verstarb meine Mutter, nur 17 Tage vor ihrem 100. Geburtstag. Dabei hatte sie sich schon so sehr auf den Gratulationsbesuch unseres Bürgermeisters vorbereitet. Sie hatte schwere Zeiten in ihrem langen Leben durchmachen müssen, ertrug sie jedoch stets arbeitsfreudig und rüstig bis ins hohe Alter. Alle meine Schulfreunde haben dem Leben bereits Adieu gesagt, mein letzter Klassenkamerad erst vor wenigen Wochen. Viele langjährige Freunde haben Abschied genommen. Auch ich werde nicht ewig leben, möchte jedoch gerne noch ein wenig auf dieser schönen Welt bleiben.

Nun habe ich gerade von den vielen Todesfällen berichtet und mir dabei widerwillig Gedanken über das Sterben machen müssen. Es heißt ja immer, dass der Tod zum Leben gehöre, und das sagt sich auch immer so leicht hin. Ich finde jedoch, dass der Tod etwas ganz anderes ist. Was er ist, wissen wir nicht, können und sollen es auch nicht wissen. Ich finde bereits Trauerfeiern und Beerdigungen schrecklich. Obwohl ich bereits viele Tote sehen musste, ist es für mich etwas Fremdes. Deshalb versuchte ich auch immer, nicht an Beerdigungen teilnehmen zu müssen. Selbst die Trauerfeier für meine Mutter konnte ich nicht ertragen und habe ihr in tiefer Trauer nur von außen beigewohnt, habe es jedoch durchaus nicht als Schwäche empfunden. Ich würde mit Sicherheit nicht zu meiner eigenen Beerdigung gehen, wenn ich nicht dabei sein müsste. Was heißt schon „Reise in die Ewigkeit"? Es ist eine Reise in eine Zeit, die keine ist, die es nicht gibt, die mit unserem Verstand nicht vorstellbar ist. Was ist ein „Nichts", was ein „KEINRAUM"? Ich finde es jedoch bemerkenswert, wenn so viele Menschen an ein Jenseits glauben. Bewundernswert, ja sogar beneidenswert sind für mich besonders diejenigen, die mit der Vorstellung leben, dort 100 wartende Jungfrauen anzutreffen. Derartiges erträumen sich ja terroristische Selbstmörder immer mit Begeisterung.

Doch nun will ich mit meinem Bericht lieber wieder zu Erfreulicherem zurückkehren.

# SPANDAU

## Hausbau

Im Tennisklub spielte ich häufig Einzel mit Peter Zunk, einem Banker, der – aus England kommend – noch neu im Klub war. Als Filialleiter meiner Bank, die sich in der Reichsstraße befand, rief er mich eines Tages an und erzählte mir, dass er ein Baugrundstück für mich erkundet hätte, das mich interessieren könne. In Berlin herrschte1963 große Wohnungsnot. Es handelte sich um ein Eckgrundstück in Spandau. Wir sahen es uns an und beschlossen, es zu kaufen. Es bestand aus vier Parzellen, davon gehörten zwei Parzellen einem privaten Eigentümer, die beiden anderen konnte ich erst nach intensiven Verhandlungen vom Grundstücksamt erwerben. Mein Architekt, Werner Jokisch, den ich sehr gut kannte, riet mir zum Bau eines Mehrfamilienhauses und managte die Finanzierung. Das Geld erhielt ich von der Wohnungsbau-Kreditanstalt (WBK). Ich selbst musste 15 Prozent Eigenkapital aufbringen, die ich nicht hatte, aber die ich schließlich durch verschiedene Eigenleistungen erbringen konnte. Für den Entwurf und die Bauleitung war ein Mitarbeiter des Architekturbüros, Dieter Bernhard, zuständig. Wir kannten uns aus dem Tennisklub und verkehrten privat miteinander. Wir planten unter Ausnutzung aller behördlichen Möglichkeiten ein viergeschossiges Gebäude mit zwölf Wohneinheiten. Auf dem Gelände stand noch die Ruine einer alten Tischlerei, das Grundstück musste deshalb von kriegsbedingtem Bauschutt enttrümmert werden.

Dafür war jedoch der Senat zuständig, der die Trümmer in kurzer Zeit von einer Baufirma beseitigen ließ. Die Ausschreibung erforderte größtmögliche Einsparungen, denn die Kalkulation erlaubte keine Überschreitung des Baupreises. Der behördlich zugelassene maximale Mietpreis von 2,00 DM/m2 für die Wohnungen musste eingehalten werden. Die Firma Burgert, mit der ich bekannt war und für die ich schon viele Bauaufträge ausgeführt hatte, machte mir einen Freundschaftspreis, sodass ich die Forderungen der Bauverwaltung erfüllen konnte.

Endlich, im Frühjahr 1964, konnte mit dem Bauen begonnen werden. Polier Hanisch und seine Mannen richteten die Baustelle ein und hoben die Baugrube aus. Die Grundsteinlegung kostete mich viele Kästen Bier. Für Klein Andrea war alles riesig interessant. Auf der Straße fand kaum Verkehr statt, unser Auto war das einzige, das in der Straße parkte. Es gab sogar noch Pferdewagen und auf einem gegenüberliegenden Grundstück einen Kuhstall, bei dem wir Milch in der Milchkanne bekommen konnten. Die Fundamente wurden ausgeschachtet, die Wände gemauert, die Stahlbetondecken gegossen.

Im Februar 1965 konnte bereits das Richtfest gefeiert werden; es gab das traditionelle Eisbeinessen im Restaurant „Hotel zum Stern". Zur Unterhaltung hatte ich eine Dreimannkapelle bestellt, die für eine fröhliche Stimmung sorgte. Ein kalter Winter brachte viel Schnee, behinderte aber den Baufortschritt nicht wesentlich. Im Frühjahr begannen der Innenausbau und das Verputzen der Fassade. Im August fand schließlich die Gebrauchsabnahme statt und die Mieter durften einziehen. Jeder musste einen WBS-Schein (Wohnberechtigungsschein) vorweisen und wurde mir vom Wohnungsamt zugeteilt. Ich hatte kaum eine Möglichkeit, mir meine Mieter auszusuchen.

Unsere Wohnung mit drei Zimmern befand sich in der vierten Etage, meine Mutter bekam eine kleine schicke Einzimmerwohnung direkt nebenan. Im Keller hatte ich drei Räume für mein Büro ausgebaut und den Anschluss einer Bürotoilette ermöglicht. Im Herbst konnten die Außenanlagen mit Rasen und Bepflanzung fertiggestellt werden. Eine Teppich-Klopfstange und ein Sandkasten für spielende Kinder waren vorgeschrieben. Für das Haus war eine Hauswartswohnung vorgesehen. Wir hatten einige Hauswartsfamilien unter Vertrag, aber mit allen funktionierte es nicht, sodass wir froh waren, als sie kündigten.

## Andrea

Einige Jahre lebten wir als Mieter in Schöneberg. Nun, im August 1965, konnten wir unsere eigene Wohnung in Spandau beziehen. Meine Mutter arbeitete noch immer als Kassiererin im Kino. Sie hatte eine Anstellung in einem nahe gelegenen Lichtspielhaus gefunden und verkaufte treu und brav Kinokarten bis zur Schließung des Unternehmens. Andrea ging im Johannesstift zur Schule, hatte bald etliche Klassenfreunde. Sie bestand die Reifeprüfung und begann in der Lette-Schule eine Ausbildung als pharmazeutisch-technische Assistentin (PTA). Doch nach einem Jahr gab sie auf. Der Beruf gefiel ihr nicht, sie wollte Menschen um sich haben und sattelte um. Krankenschwester war ihr neues Berufsziel. Im Westend-Krankenhaus wurde sie ausgebildet. Der Beruf machte ihr Spaß, sie war tüchtig und beliebt bei Ärzten und Patienten. Schon bald avancierte sie zur unentbehrlichen Assistentin ihres HNO-Professors. Mit ihrem Jugendfreund Hellmut Schmidt verbrachte sie viele gemeinsame Jahre. Bei unseren Wochenendreisen in den Harz nahmen wir ihn immer gerne als Begleiter mit.

Aber etwas fehlte ihr, ein kleiner Hund. Alles Betteln half nicht, wir wollten kein Tier im Haus. Eine strikte Absage folgte, weil wir wussten, wie viel Arbeit damit auf uns zukommen würde. Eines Tages besuchten uns Heinz und Uschi Wyzikowski, Kneipenwirte, die wir aus Schöneberg kannten. Sie eröffneten uns, dass sie einen niedlichen Zwergpudel für uns aufgetrieben hätten. Nein, keinen Wald-und-Wiesen-Köter, es handele sich vielmehr um einen „adligen Hund“, mit Namen „Denny von der Schöneberger Insel“, geboren am 1. März 1967. Natürlich besaß er einen Ahnenpass mit „adligen“ Eltern, Groß- und Urgroßeltern!

Andrea war begeistert, wollte ihn unbedingt haben! Was blieb uns anderes übrig? Wir besichtigten das kleine Wesen beim Züchter und bereuten es nicht. Der kleine Kerl eroberte sehr schnell unsere Herzen. Er war verspielt und intelligent, brachte unermüdlich Stöckchen und Bälle zurück. Im Tennisklub wurde er bald dafür bekannt, versteckte Tennisbälle aus den Sträuchern zu holen, wusste aber genau, dass er dabei nicht auf die Tennisplätze durfte. Das Wort „Tennis“ durften wir gar nicht in den Mund nehmen. Sobald er es hörte, bellte er freudig erregt in der Annahme, es gehe in den Klub.

Wenn wir von Berlin aus über die Grenze ins Bundesgebiet fuhren, versteckte er sich so geschickt, dass ihn selbst aufmerksame VoPos (Volkspolizisten) bei ihrer Kontrolle nicht bemerkten. Sobald wir die Grenze überquert hatten, machte er sich sofort wieder freudig bellend bemerkbar. Er verstand fast 30 Wörter (meine ich), zeigte dabei Reaktion und erkannte ihre Bedeutung. Er wusste auch genau, wenn ich mich mit dem Auto der Wohnung näherte, und meldete dann Pünktchen meine bevorstehende Ankunft. Auf unseren Wanderungen im Harz legte er durch spielendes Vor- und Zurücklaufen immer jeden Weg dreifach zurück. Im Alter von elf Jahren bekam er Atembeschwerden und Luftnot. Er starb, fiel einfach lautlos tot um. Ein schmerzhafter Verlust für uns, denn er gehörte einfach zur Familie. Wir trauerten und weinten bitterlich drei Tage lang um ihn.

Eines Tages lernte Andrea im Tennisklub ihren Ilan Ben-Schalom kennen. Da auch er Interesse bekundete, wurden sie bald ein Paar. Er wollte Zahnarzt werden; weil die Studienplätze in Berlin jedoch rar waren, bewarb er sich in Italien. In Bologna begann er sein Studium zur Zahnmedizin. Sprachbegabt erlernte er recht schnell Italienisch, sprach es sogar perfekt. Weil beide nun räumlich getrennt lebten, steigerten sich die Beträge meiner Telefonrechnungen gewaltig. Das war Anlass genug, um mit Andrea eine Italienreise zu arrangieren. Sie blieb dann längere Zeit bei ihrem Ilan in Bologna. Als sich allmählich eine Hochzeit anbahnte (Ilan war jüdischen Glaubens), entschloss sich Andrea zu konvertieren. In der Schweiz unterrichtete sie ein Rabbiner in jüdischer Religion und jüdischen Ritualen. Koscheres Essen lernte sie dabei ebenfalls kennen.

## Eine besondere Hochzeit

Es kam, was kommen musste. Am 2. April 1985 wurde geheiratet. Der sonst immer übliche Brauch eines Polterabends fand nicht statt. Die beiden wollten ihr Geschirr nämlich lieber selbst kaputt schlagen und ließen es sich stattdessen in unbeschädigtem Zustand als Geschenk mitbringen. Eine jüdische Hochzeit war ein außergewöhnliches Ereignis, das besondere Vorbereitungen erforderte. Ilans Vater, der in Genf Israels Finanzen verwaltete, organisierte den jüdischen Part der Feier, wir übernahmen den gesellschaftlichen Teil. Zahlreich trafen Verwandte und Freunde in Berlin ein, für die wir Hotelunterkünfte zu besorgen hatten. Sie kamen aus allen Gegenden Europas, aus Westdeutschland, aus der DDR, aus der Schweiz, aus Österreich, aus Israel, ja einige sogar auch aus Berlin, es fand eine richtige Sternfahrt statt.

An den Abenden vor dem großen Ereignis lernten sich alle bei Treffen in Hotel-Restaurants gegenseitig kennen und verstehen. Ich war überrascht von der lebhaften, impulsiven Lebensfreude der israelischen Gäste. Die standesamtliche Trauung fand im Rathaus Spandau statt, begleitet von engsten Familienmitgliedern. Für die jüdische Hochzeit war das Gemeindehaus in der Fasanenstraße ausersehen. Aus Interesse und auch aus Neugier wohnten der Zeremonie fast 250 Verwandte und Freunde bei. Jeder Teilnehmer bekam eine Kippa, die jüdische Kopfbedeckung, auf sein Haupt. Ilans Vater hatte einen bekannten Rabbiner, Oberkantor Estrongo Nachama, gewonnen, der mit rituellem Gesang die traditionelle Trauung vornahm.

Dicht gedrängt standen wir Teilnehmer, beobachteten interessiert die Zeremonie und lauschten der Predigt des Rabbiners mit all seinen Riten. Die aufwendige Prozedur nahm fast zwei Stunden in Anspruch, doch sie kam uns allen nicht so lang vor. Sie wurde in allen Einzelheiten fotografiert und gefilmt. Anschließend gab es für die anwesenden Gäste kleine koschere Häppchen, die an einer langen Tafel aufgetischt waren. Nach einer Erholungspause traf sich ein engerer Kreis von knapp 100 Gästen im Festsaal des „Penta-Hotels“. Das Brautpaar fuhr in einem blumengeschmückten Wagen vor und musste nach altem Brauch erst noch gemeinsam einen Baumstamm durchsägen. Der Raum war dem Anlass entsprechend festlich geschmückt. Auserwählte Speisen und Getränke standen bereit. In familiärer Runde wurde gespeist, getrunken, zugeprostet und geplaudert. Obligatorische Reden wurden in großer Zahl gehalten. Zur Unterhaltung spielte ein kleines israelisches Quintett auf und trug wesentlich zu einer fröhlichen Feier bei. Später wurde bei traditioneller jüdischer Volksmusik ausgelassen bis zum frühen Morgen gefeiert, gesungen und getanzt.

Ilan erwarb eine gut besuchte Zahnarztpraxis am Richard-Wagner-Platz. Eine hübsche Wohnung fand das Paar in der Westendallee. Bald erblickte Tochter Lital das Licht der Welt, Knabe Liron folgte etwas später. Alles schien in bester Ordnung zu sein. Aber wie das Leben so spielt, lief ihr Familienleben nicht ganz nach Wunsch und Plan. Auch diese Ehe hielt nicht ewig und wurde schließlich geschieden.

## Die Hausaufstockung

Nach einer längeren, depressiven Zeit lernte Andrea im Jahre 1996 im Brauhaus Spandau ihren Günther Spitzer kennen und weil sie sich gut verstanden, auch lieben. Günther hatte als Hausmeister das Kant-Gymnasium auf Vordermann gebracht. Er brachte seine Tochter Miriam mit in die kleine Gemeinschaft, so waren sie zu fünft. Günther hatte auf dem Schulgrundstück seine Wohnung, die er allerdings aufgab, als sie beide ein gemeinsames Domizil für sich und ihre drei Kinder suchten. Ein erster Versuch im Dorf Paaren ließ sich nicht realisieren. Weitere Grundstückserkundungen blieben ebenfalls erfolglos.

Da kam Andrea auf die Idee, zu prüfen, ob auf unserem Spandauer Grundstück eine Aufstockung möglich wäre. Ich erklärte ihr, dass dies nicht machbar sei, weil das Bauvolumen bereits in meinem damaligen Bauantrag bis an die Grenze des Möglichen ausgeschöpft war. Sie ließ jedoch nicht locker, meinte, dass gemeinsames Wohnen unter einem Dach doch vorteilhaft wäre. Ich lehnte ab, denn ich hatte mir geschworen, nie wieder zu bauen. Schließlich ließ ich mich aber doch noch überreden, ihren Wunschgedanken einem befreundeten Architekten, Prof. Jürgen Fissler, vorzutragen.

Er kam, kletterte auf das Dach, fotografierte alles und sagte zu meiner Verwunderung, dass eine Aufstockung machbar sei. Er meisterte alle Hürden der Baubehörde und erhielt eine Genehmigung für die Planung. Zwei Entwürfe wurden besprochen und ihre Durchführung in Angriff genommen. Meine Aufgabe bestand darin, zu überprüfen, ob die Statik des Gebäudes eine Aufstockung zulassen würde. Ich konnte den Nachweis erbringen, dass die Standsicherheit des Altbaus nicht gefährdet war. Im März 1998 erteilte das Bauamt die Genehmigung, die Aufträge wurden vergeben und der Bau begonnen. Die Firma Ingbau mit Bauleiter Matthias Hadam übernahm die Maurer- und Betonarbeiten, eine Hamburger Firma die Holzbauarbeiten.

Gleichzeitig nutzte ich die Gelegenheit, durch eine zusätzliche Dämmung der Fassade die Wärmespeicherung des Gebäudes wesentlich zu verbessern. Riesige Kräne beherrschten das Baugeschehen. Durch die Fenster unserer Wohnung kletterten wir auf das Gerüst und erreichten auf kurzem Weg die Baustelle. Darüber freuten sich besonders die Kinder und nutzten das auch weidlich aus. Günthers wachsame Augen erspähten viele Baumängel, die er dann widerspruchlos beseitigen ließ. Ich kontrollierte täglich die statisch bedeutsamen Bauteile. Die Arbeiten schritten zügig voran. Bereits nach vier Monaten Bauzeit konnte das Richtfest im Brauhaus gefeiert werden. Für den Innenausbau legten wir auf hochwertige Ausführung wert. Somit entstand ein schmuckes Penthouse mit 140 Quadratmeter Wohnfläche, einem Balkonumlauf und einer 50 Quadratmeter großen Terrasse. Im Dezember war die Wohnung bezugsfertig, die Familie glücklich und zufrieden, mein Portemonnaie erleichtert.

Die Familie fühlte sich in der schönen großen Wohnung mit ihren Kindern außerordentlich wohl. Günther machte aus der Gartenanlage des Grundstücks in liebevoller Kleinarbeit ein prächtiges Schmuckstück. Andrea übernahm die Hausverwaltung. Am 9. Oktober 2001 heirateten beide im Rheinland, während ihrer Urlaubsreise, still und leise, ohne Feier und ohne Angehörige. Der hochzeitsübliche Treueschwur „... bis dass der Tod euch scheidet" sollte leider Wirklichkeit werden. Günther starb nach 25 Jahren gemeinsamen Lebens am zweiten Weihnachtsfeiertag des Jahres 2020 und wurde auf dem Spandauer Friedhof zur ewigen Ruhe beigesetzt. Es war für uns alle, besonders natürlich für Andrea, ein schmerzlicher Verlust.

# Freizeitaktivitäten

## Der Tennisklub

Als nunmehr Selbstständiger war ich ab 1960 Herr über meine Zeit, konnte mir also leisten, auch mal einige Stunden am Tag Tennis zu spielen. Dieser Sport hatte mich schon seit Längerem interessiert. Die meisten Klubs hatten eine Aufnahmesperre. Ich rief daher meinen Schulfreund Werner Hoppe an, der ein einflussreicher Schriftführer im Tennis-Club Tiergarten war und meine Aufnahme ermöglichen konnte. Die Anlage befand sich in der Moabiter Kruppstraße, ruhig gelegen, mit viel Grün umgeben. Es standen sieben Tennisplätze zur Verfügung und für die Geselligkeit ein bewirtschaftetes Klubhaus. Ich nahm Unterricht beim Tennislehrer Ressin. Es sah ja von außen so einfach aus. Es stellte sich jedoch als schwierig heraus, die kleinen Bälle mit einem großen Schläger zum richtigen Zeitpunkt mittig zu treffen. Meine Erstversuche waren mühsam. Sie reichten aber nach etlichen Übungsstunden für Einzel- und Doppelspiele mit anderen Nichtkönnern. Ich brachte es in meinem Leben nicht mehr zur Perfektion, dennoch machte es sehr viel Freude und gesund war es außerdem. Pünktchen hingegen mochte das Spiel nicht besonders und gab bald auf. Andrea jedoch konnte in der Jugendmannschaft gut mithalten und so manchen Sieg erringen. Nicht gerade sportgerecht wurde im Klub dem Alkohol in jeder Form und auch gern zugesprochen. Das Skatspiel gehörte zum Alltag. Es war schon eher mein Metier. Weil ich es gut beherrschte, war ich ein begehrter Mitspieler. Immer fand sich eine Skatrunde zusammen und schnell war ich integriert. Beim Preisskat belegte ich stets einen der vorderen Plätze.

Bei den jährlichen Verbandspielen unserer ersten Mannschaft waren wir immer als begeisterte Zuschauer dabei und feuerten die Spieler an. Zu Auswärtsspielen fuhren wir als Begleitung mit und unterstützten sie durch unsere Anwesenheit. Auf diese Weise lernte ich sehr viele Tennisanlagen in Berlin kennen. Natürlich wurden alle Siege gebührend und ausgiebig gefeiert, genauso oft allerdings auch die verlorenen Spiele.

Gegen Ende der Siebzigerjahre bauten wir einen freundschaftlichen Kontakt zu einem schwedischen Tennisklub auf. Jährlich einmal besuchten sich unsere Klubs gegenseitig. Mit dem Zug fuhren wir zur Küste und dann auf der Fähre mit 20 bis 25 Personen über Saßnitz nach Trelleborg. Mit uns fuhren einige Kästen Bier und Schnapsflaschen als begehrte Gastgeschenke, argwöhnisch von den Bahnkontrolleuren der DDR beobachtet. In Schweden angekommen, wurden wir von unseren Tennisfreunden abgeholt und in Pkws zu deren Tennisanlage gefahren, die sich in der Nähe von Malmö befand.

Nach vielen Begrüßungsumarmungen wurden die verschiedenen Tennismatches ausgetragen. Mein Gegner hieß Bro. Er kämpfte mit mir immer hartnäckig um den Sieg, den wir dann an der Bar freundschaftlich begossen. Feuchtfröhliche Wiedersehensfeiern beendeten den sportlichen Teil des Tages.

Wir übernachteten bei unseren schwedischen Freunden privat in ihren Wohnungen. Auf diese Weise lernte ich Land und Leute kennen und auch schätzen. Viele von ihnen wohnten in schmucken Einfamilienhäusern, in denen sich stets eine gut bestückte Bar befand, was mich verwunderte, denn Alkoholika sind in Schweden durch hohe Steuern bewusst sehr teuer. Aus diesem Grunde nutzten unsere schwedischen Freunde bei ihrem Gegenbesuch in Berlin stets die Gelegenheit zu ausgiebigen Trinkgelagen.

Unsere nette Verbindung hielt lange Zeit und gipfelte schließlich darin, dass sich Andrea mit einem schwedischen Spieler mit Namen Robert liierte. Er war ein guter Spieler und verstärkte unsere Mannschaft bei den Verbandsspielen. Er wohnte einige Zeit bei uns und Andrea verbrachte ebenfalls ein paar Wochen bei seiner Familie in Schweden. Doch dabei blieb es dann auch.

Es kam die Zeit, in der Tennis zum Straßenfeger wurde. Als sich Boris Becker, John McEnroe und Björn Borg stundenlange Matches lieferten, saßen wir angespannt vor dem Fernseher, das Interesse für den Tennissport wuchs. Zahlreich wurden Wetten auf den Sieger abgeschlossen. Später entwickelten sich Andre Agassi, Pete Sampras und Stefan Edberg zu Favoriten. In Berlin fand jeden Sommer ein internationales Damenturnier statt, und zwar im Grunewald, auf der Anlage des LTTC „Rot-Weiß“ e. V. Wir besorgten uns Dauerkarten, die wir täglich nutzten, und begeisterten uns an den Spielen von Steffi Graf, Martina Navratilova, Gabriela Sabatini und etlichen weiteren der Top Ten des Welt-Damentennis.

Nach der Wende wechselte ich in den näher gelegenen Siemens-Tennis-Klub (STK) am Schuckert-Damm. Ich spielte dort wöchentlich in einer lustigen Runde Doppel mit dem damaligen Chef der Berliner Feuerwehr Heini Höhne und dem Zweiten Berliner Bürgermeister Kurt Neubauer. Anschließend gab es stets ein gutes Essen mit einer gemütlichen Plauderstunde. In späterer Zeit fand ich dann auch in anderen Gruppen Möglichkeiten für ein Doppel. Im Winter spielte ich in der Halle, eine

Kegelrunde bildete sich ebenfalls und selbstverständlich war auch Preisskat angesagt. Ich fand einen Kreis von netten Spielern, mit denen ich auch heute noch guten Kontakt habe. Ganze 40 Jahre lang habe ich viel und gerne Tennis gespielt, wenn auch nicht besonders gut. Es hat mir aber immer viel Spaß gemacht. Zu meinem Leidwesen musste ich jedoch altersbedingt mit knapp über 90 Jahren aufhören. Ich bedauerte das zwar, aber die Natur wollte es nicht mehr.

## Die Sauna

Neben dem Tennissport und den Bergwanderungen trug ein wöchentlicher Saunabesuch wesentlich zu meiner Gesundheit bei. 50 Jahre lang bemühte ich mich regelmäßig, mir für einen wöchentlichen Sauna-Tag Zeit zu nehmen. In der Anfangszeit ging ich mit Peter Zunk in eine von einem Arzt geführte Sauna im Wedding. Später, als ich im Tennis-Club Tiergarten mit Hanno Hoffmann, einem beleibten ehemaligen Rennfahrer, öfter mal Tennis, aber auch Skat spielte, nahm er mich in die Sauna mit. Durch ihn lernte ich dann eine interessante Saunaanlage im Olympiastadion kennen. Sie befand sich in Höhe des mittleren Stadionumganges mit Fensterausblick auf das Spielfeld. Vom Schwimmbad aus konnte ich bequem die Bundesligaspiele von Hertha beobachten, sogar bei ausverkauftem Haus, konnte die Pässe von Günter Netzer und die Tore von Gerd Müller bestaunen.

Zum Kreis regelmäßiger Saunabesucher gehörten bekannte Geschäftsleute und Schauspieler wie Claus Holm. Auch unser Bausenator Rolf Schwedler, der den Spitznamen Saunator bekam, gehörte dazu. Nach den Saunagängen trafen wir uns an der angrenzenden Bar, füllten verlorene Flüssigkeiten wieder auf und unterhielten uns. Als die dortige Sauna wegen Umbauarbeiten schließen musste, eröffnete der Saunawirt Franz Schnock eine neue, räumlich größere Anlage mit Schwimmbad in der Eisenzahnstraße und die gesamte Sauna-Gesellschaft zog mit. Pünktchen war auch eingebunden und Andrea, als kleines Mädchen, kam ebenfalls gerne mit.

Nach dem Saunieren fand sich meist eine Gruppe von 15 Personen zusammen, die mit Streichhölzern ihre Lagen ausknobelte. Wir freundeten uns mit Rolf Schwedler an, trafen uns mehrmals mit ihm auf Sylt und gingen zusammen in guten Restaurants essen. Andrea besuchte mit seiner Tochter die dortige Reitschule. Ich suchte und fand zur Freizeitbeschäftigung immer Skatspieler. Oft droschen wir bis in den frühen Morgen unsere Skatrunden.

Auch Ernst Schiebeler, Chef der Berliner Bauaufsicht, war ein begeisterter Skatspieler. Auf diese Weise lernten wir uns kennen, wurden bald Freunde, sahen uns fast täglich, denn sein Büro befand sich im selben Haus, in dem auch ich mein Büro hatte, nämlich in der Charlottenburger Rognitzstraße. Außerdem gehörten wir beide dem Vorstand des AIV an, hatten also durch gemeinsame Verbandsarbeit viel miteinander zu tun. Er war zwar in Wiesbaden verheiratet, hatte aber in Berlin seine Freundin Nele von Carolsfeld. Wir gingen gemeinsam in die Sauna und spielten dort mit Michael unseren Skat. Die drei dazugehörigen Frauen – Pünktchen, Nele und Helga – beschäftigten sich derweil mit Handarbeiten, strickten und häkelten mit Ausdauer. Als die Anlage in der Eisenzahnstraße geschlossen wurde, probierten wir verschiedene Berliner Saunen aus, bis wir nahe der Lützowstraße schließlich einen ruhigen Saunabereich fanden, der von einer Familie Gößler geführt wurde. Auf Reisen und in Ferienorten ließen wir nirgendwo eine Saunamöglichkeit aus. Auch heute bleibe ich dem Schwimm- und Saunabaden noch immer treu.

## Auf Sylt

Immer wenn die Sommerferien begannen, zog es uns nach Sylt. Auf der Fahrt dorthin legten wir jedes Mal einen Zwischenaufenthalt in Satrup ein. In dieser kleinen Ortschaft in Schleswig-Holstein wohnten unsere Verwandten, Erna Müller, die aus Karlsdorf stammte, und ihr Ehemann Walter, ein Fleischermeister. Meine Mutter, die wir mitgenommen hatten, wohnte dann bei ihnen, während wir auf Sylt unseren Urlaub verbrachten. Wir erreichten die Insel mit dem Autozug und wohnten in der ersten Zeit auf der Wattseite der Insel, in Munkmarsch, in einem kleinen Apartmenthaus bei Fritze Rönnebeck, einem Muschelfischer. Er stammte als echter Nordfriese von der Insel Pellworm; seine Frau Rita, gebürtige Ostpreußin, war als Kriegsflüchtling auf die Insel gekommen. Auf seinem Kutter nahm er uns einige Male zum Muschelfischen mit. Dabei bekamen wir einen Begriff von der Schwere des Fischerberufes. Wir erhielten danach immer einen vollen Eimer mit schmackhaften Muscheln und kochten sie mit Gewürzen im Weinsud. Stets fanden sich etliche Gourmetfreunde als „Mit-Speiser" ein.

Bei allwöchentlichen Kegelrunden lernte ich viele gebürtige Sylter kennen und konnte mich über das Inselleben informieren. Später wohnten wir in einer Pension bei Ella. Sie war eine emsige Frau, bekochte vorzüglich sämtliche Gäste. Andrea und die Kinder fühlten sich bei ihr sehr wohl. Mir gefiel es dort allerdings weniger. Deshalb suchte ich im ausgebuchten Sylt nach einer anderen Unterkunft. Zum Glück konnte ich in Westerland bald eine ganze Ferienwohnung vom Arzt-Ehepaar Urbschat mieten. Wir wurden langjährige Freunde; ich kloppte bis spät in die Nacht so manchen Skat mit ihnen.

Zum Baden fuhren wir zum FKK-Strand nach List. Dort hatten wir unseren Strandkorb, nutzten ihn aber selten, liefen viel lieber am Meer entlang nach Kampen oder zum Ellenbogen. Nele aus Berlin begleitete uns meistens, sie war am Lister Strand bekannt „wie ein bunter Hund". Unterwegs badeten wir in der tosenden Brandung. Andrea tobte und schwamm mit ihrer Freundin lieber ausgiebig im Meer oder baute dort ihre Strandburg. Manchmal besuchte uns auch Schwägerin Helga mit ihren Kindern. Wir trafen viele Freunde und Bekannte, wanderten kreuz und quer über die Insel, lernten ausgezeichnete Lokalitäten kennen.

Unsere Silberhochzeit feierten wir in kleinem Kreis in einem netten Keitumer Restaurant. In der rauen Nordseeluft erholten wir uns jedes Mal ausgezeichnet. Mehr als 30 Jahre blieb Sylt unser Ferienziel, doch nach der Wende wurde uns die Fahrt zu weit. Von da an fuhren wir lieber an die Ostsee, konnten die Insel Usedom in knapp drei Stunden erreichen. In Ahlbeck fanden wir im Hotel „Ahlbecker Hof" unser neues Ferienquartier.

## Im Harz

Im August 1961 begann der Mauerbau, die DDR riegelte sich ab, wir Westberliner wurden eingeschlossen. Über Transitstraßen konnten wir Westdeutschland erreichen. Schikanöse Grenzkontrollen der Volkspolizisten erschwerten Pkw-Fahrern die Fahrt in die Bundesrepublik. Diese Schikanen waren beabsichtigt, sollten uns ärgern. Das bewirkte, dass sich etliche Berliner im Bundesgebiet eine Zweitwohnung anschafften. Ich fand die Idee gut und suchte nach geeigneten Möglichkeiten.

In Altenau im Harz wurde ich 1972 fündig und konnte dort in einer neu errichteten Ferienanlage eine Zweizimmerwohnung erwerben. Wir richteten sie in rustikalem Stil geschmackvoll ein. Die grenznahe Lage erschien mir geeignet, weil unser Domizil, nur 220 Kilometer weit entfernt, von Berlin aus leicht in zwei bis drei Stunden zu erreichen war. Viele Wochenenden verbrachten wir nun in unserer Harzer Wohnung. Ich traf mich am Freitagnachmittag mit Pünktchen und Andrea im Büro, fuhr mit ihnen direkt nach Altenau und von dort aus am Montag in der Frühe wieder nach Berlin zurück.

Wir wanderten viel, erkundeten das Harzer Waldgebiet, badeten im klaren Waldsee, besuchten die hübschen Harzer Orte und das geschichtsträchtige Goslar. Gerne nutzten wir den 25 Kilometer langen Rundweg um den Okerstausee. Hündchen Denny begleitete uns stets freudig auf allen unseren Wanderungen. Einmal verirrten wir uns im dunklen Waldgebiet und waren froh, als wir spätabends in der Ferne die Lichter von Goslar entdeckten. Eine Taxe brachte uns übermüdet wieder zurück.

Im Laufe der Jahre lernten wir etliche zünftige und vorzüglich bewirtschaftete Lokalitäten kennen, die wir gerne besuchten. Meine Mutter nahmen wir einige Male nach Altenau mit. Sie schaffte in ihrem hohen Alter noch mühelos die Harzer Berge. Manchmal begleiteten uns auch Freunde aus dem Tennisklub. Als wir mit ihnen von Hahnenklee aus den Bocksberg erstiegen, stöhnten sie, die Sportler, schweißtriefend und staunten, als ich ihnen erzählte, dass meine Mutter mit ihren 90 Jahren mühelos diesen Berg bewältigt hatte. Andrea nahm öfter eine Schulfreundin mit oder auch ihren Freund Hellmut. Sie konnten bequem bei uns wohnen.

Wir waren mit Familie Darge sehr gut befreundet. Achim Darge war Chef des Berliner Hochbauamtes. Seine Frau Gerda verstand sich gut mit Pünktchen und Tochter Tina mit Andrea. Sie hatten ihr Quartier in Braunlage aufgeschlagen. Oft besuchten wir uns gegenseitig, wanderten gemeinsam, erstiegen so manche Berge. Der Harzer Brocken musste allerdings noch lange warten, denn russisches Militär hatte ihn besetzt. Erst nach der Wende konnten wir ihn erreichen und nutzten es dann auch weidlich aus.

Die Winter waren in jener Zeit noch schneereich, die Fahrten mit dem Auto beschwerlich. Es kam dann vor, dass auf unserer Strecke zwischen Bad Harzburg und Torfhaus etliche Pkws stecken blieben, zumal wenn sie verbotenerweise noch mit Sommerreifen fuhren. Sie verstellten dann querstehend den Verkehr und verursachten lange Stauzeiten. Mir selbst passierte es schon mal, dass sich mein Wagen bei Glatteis während einer Bergauffahrt mehrfach um die eigene Achse drehte. Im Übrigen aber freuten wir uns über den Schnee. Auf dem kleinen Berg neben unserer Wohnanlage war ein Skilift aufgebaut. Wir hatten unsere Skiausrüstung im Keller deponiert und konnten bequem auf Skiern herumrutschen, denn für einen richtigen Abfahrtlauf eignete sich die kurze Strecke nicht. Zudem waren wir ja noch Anfänger. Andrea machte es dennoch Spaß.

Etwas kurvenreichere und längere Abfahrten fanden wir auf den Bergen von Torfhaus und Hahnenklee. Dort gab es sogar schwarze, blaue und rote Abfahrten. Wir nutzten nach Möglichkeit jedes Wochenende zum Skilaufen. An schneereichen Wintertagen bevorzugten wir jedoch den Skilanglauf. Es gab ein Jahr, in dem wir sogar noch Mitte Mai auf Langlaufskiern durch die Harzer Berge wandern konnten.

Alles in allem hatten wir eine schöne Zeit in Altenau, konnten sie sehr gut nutzen. Doch dann kam 1989 unerwartet die Wende, die schreckliche Mauer fiel, Deutschland wurde wieder vereint. Wir konnten endlich frei ins Umland reisen. Die Umgebung Berlins war reizvoll, die Ostsee schnell erreichbar. Deshalb verkauften wir unsere Wohnung, zwar mit einem trauernden Auge, jedoch mit einem guten Preis.

## In Kaprun

Im Winter fuhren wir auch nach Österreich und besuchten in Kaprun Freunde aus dem Tennisklub, die dort ihre Ferienwohnung hatten. Das Dorf liegt in einem Seitental nahe „Zell am See". Es befindet sich im Gletschergebiet des Kitzsteinhorns, einem Bergmassiv der Hohen Tauern. Es gefiel uns dort so gut, dass wir 1974 die Gelegenheit nutzten, eine kleine Einzimmerwohnung zu kaufen. Sie befand sich in einer Wohnanlage nahe der Dorfmitte. Ein Garagenplatz gehörte dazu, in der Gebirgsgegend eine wichtige Ergänzung. Von unserem zimmerbreiten Balkon aus hatten wir eine fantastische Sicht auf die schneebedeckte Bergwelt. Der frühere Eigentümer, ein Schreiner, hatte aus der Wohnung geschickt mit Holzverkleidungen, Einbaumöbeln und dem Einbau einer Barküche ein Schmuckstück gemacht. Eine breite Bettcouch genügte für den nächtlichen Schlaf. Obwohl räumlich klein, war der Wohnbereich so perfekt eingerichtet, dass wir bequem zu viert oder sogar auch zu sechst viele gesellige Stunden verbringen konnten. Mit unseren Freunden, den Familien Bernhard und

Hentschel, die ebenfalls in der Anlage wohnten, verbrachten wir oft lange Abende in gemütlicher Runde bei süffiger Feuerzangenbowle. Jeden Morgen holte ich vom Bäcker am Salzburger Platz frische Brötchen.

Von Berlin aus erreichten wir Kaprun in rund zehn Autostunden, legten aber meistens noch einen Zwischenstopp in München ein. Ein Besuch bei meinen Schulfreunden Otto Lex und Jürgen von Schulz bot sich an. Einen Abstecher zum Oktoberfest nutzten wir natürlich ebenfalls. Aus Zeitgründen konnten wir diese Ferienwohnung nur zu den Feiertagen nutzen, in den Ferien blieben wir jedoch zwei bis drei Wochen am Ort. Die herrliche Gebirgslandschaft hatte es uns angetan, wir fühlten uns dort pudelwohl. Eigentlich sollte die Gegend später einmal unser Alterssitz werden, aber dazu kam es dann leider doch nicht.

Im Sommer war der Anblick blühender Wiesen und weidender Rinder immer wieder etwas Schönes. Darauf freuten wir uns besonders. Auf Wanderungen erkundeten wir die Gegend. Gerne besuchten wir auf Schusters Rappen den zwölf Kilometer entfernten Ort „Zell am See", machten dort eine Bootsfahrt oder umrundeten auch gerne mal den See. Eine Gondelbahn brachte uns auf die Schmittenhöhe. Nach Bergtouren schmeckte uns auf der Almhütte eine herzhafte Jause besonders gut. Mit dem Postbus fuhren wir dann wieder zurück.

Ein Stausee in 2.500 Meter Höhe war für die regionale Stromversorgung zuständig. Seine gewaltige Staumauer konnte man auf schwieriger Strecke nur mit kleinen Bussen erreichen. Wir unternahmen die Fahrt recht oft, da man von oben in klarer Luft einen herrlichen Ausblick auf die großartige Gebirgslandschaft hatte. Enzian und Alpenrosen blühten zahlreich. Mit dem Auto erreichten wir auf Serpentinen die Bergstation des 3.800 Meter hohen

Großglockner und erschraken, wie sehr der Gletscher infolge des Klimawandels bereits an Substanz verloren hatte. Murmeltiere gab es aber immer noch, mit ihren Pfiffen machten sie sich bemerkbar.

Bei Tagesausflügen fuhren wir nach Salzburg, bummelten die Getreidegasse entlang, vorbei an Mozarts Geburtshaus, oder besuchten Innsbruck mit seinem sehenswürdigen „Goldenen Dachl". Die prächtigen Bauten dieser hübschen Städte waren einladend und sehenswert. In netten und urigen Gasthäusern probierten wir österreichische Schmankerl aus, Gerichte, die wir teilweise noch gar nicht kannten, wie beispielsweise Tafelspitz, Kaasnockerln oder auch Germknödel, Kaiserschmarren und Salzburger Nockerln, dazu gab es dann „ein Viertele Weißen oder Roten". Mit Familie Arnold, unseren Hausmeisterleuten, hatten wir guten Kontakt. Durch sie lernten wir viele Einheimische kennen. Wenn die sich in ihrem Dialekt miteinander unterhielten, verstanden wir kein Wort, aber als wir sie dann zum Essen einluden, erfuhren wir jede Menge Dorfklatsch.

Immer wenn der Winter anrückte, freuten wir uns auf Wintersport. In dem engen Kapruner Tal waren die Schneeverhältnisse durchweg gut. Unsere Winterausrüstung stand im Keller bereit. Im Sporthaus Bründel ließen wir unsere Skiausstattung jedes Jahr überholen oder ergänzen. Sie wurde im Laufe der Zeit immer vollkommener. Gleich nach dem Frühstück zogen wir uns die Skiklamotten an und tapsten in den schweren Skistiefeln los. Anfangs noch ungeübt, versuchten wir unsere Skikünste in ortsnahen Bereichen. Bereits nach einigen Übungsstunden bei einem Skilehrer wagten wir uns in höhere Gegenden. Am Ortsende gab es eine Seilbahn mit einer geschlossenen Gondel für 15 Personen. Sie brachte uns auf die 1.200 Meter hohe Berghütte des Maiskogels. Von dort aus hatten wir eine schöne Skiabfahrt bis ins Tal zur Busstation. Ein Bus fuhr uns dann zur Seilbahn zurück und wir konnten die Tour wieder von vorn beginnen.

Das Gletschergebiet des Kitzsteinhorns war beliebt. Täglich kamen zahlreiche Busse von weit her angereist. Mit einer Standseilbahn erreichte man den Gletscher in 2.600 Meter Höhe. Um lange Anstellzeiten zu umgehen, versuchten wir möglichst noch vor zehn Uhr an der Talstation einzutreffen. Alle halbe Stunde brachte die Bahn rund 400 Skifahrer dicht gedrängt durch eine lange Tunnelstrecke auf den Berg. Leider wurde sie bei einem Brand mit sehr vielen Toten zerstört und danach nicht mehr in Betrieb genommen. Das Skigebiet konnte fortan nur noch mit einer Seilbahn erreicht werden. Dort oben, in knapp 3.000 Meter Höhe, standen mehrere Skilifte zur Verfügung. Bei Temperaturen von minus 15 Grad war man bei den zehnminütigen Schleppliftfahrten ordentlich durchgefroren. Die lange Abfahrt mit Schwüngen und Kurven machte dafür umso mehr Spaß. Bei mir klappte es schon so leidlich, Pünktchen hatte etwas mehr Schwierigkeiten. Wir kamen jedoch fast immer ohne Stürze bei der Restaurant-Station an. Ein zünftiger Jagertee war die Belohnung.

Eines Tages standen wir an der Bergstation des Gletschers, strahlend blauer Himmel über uns, eine weiße Wolkendecke unter uns verdeckte die Sicht auf das Tal. Wir fragten einen Skilehrer, ob es aufgrund der Wetterlage ratsam sei, hier Ski zu laufen. Er riet uns, lieber mit dem Schlepplift nach oben zu fahren. Als wir oben angekommen waren, stiegen die Wolken immer höher. Bald standen wir im dichten Nebel, hatten keine Sicht mehr, irrten umher, sahen niemanden, hörten nur vereinzelt Stimmen. Langsam tasteten wir uns im dichten Schnee zum Restaurant zurück. Am nächsten Tag sah ich erschrocken, dass wir ganz dicht an einer schneeverdeckten Steilwand entlanggelaufen waren. Wir hatten mächtiges Glück gehabt!

Mit zunehmendem Alter sattelten wir vom Abfahrtslauf zum Skilanglauf um und genossen die Winterlandschaft von unten. Etwa zehn Kilometer betrug die Länge unserer üblichen Tagesstrecke. Die Après-Ski-Vergnügen lagen uns gar nicht, wir beendeten den Tag lieber in einer zünftigen Dorfschänke mit einem guten Essen und einem Glas Wein.

Unsere Kinder fuhren oft und gerne mit uns nach Kaprun. Sie wohnten dann in der „Pension Anneliese“. Im Gegensatz zu uns beherrschten Andrea und Ilan den Abfahrtslauf perfekt, bewältigten mit rasanten Schwüngen die steilsten Hänge. Liron hingegen bevorzugte das Snowboardsurfen. Auf dem Zeller See konnte man zwar Schlittschuh laufen, aber das war für uns alle kein erstrebenswerter Wintersport. Einige Male konnten wir auch meine Mutter mitnehmen. Wir fanden eine Möglichkeit, sie in einem kleinen Apartment in unserer Wohnanlage bequem unterzubringen. Später, im hohen Alter, freute sie sich über die schöne Landschaft vom Rollstuhl aus. Schließlich gaben wir nach der Wende auch unsere Zweitwohnung in Kaprun wieder auf. Nach einiger Zeit fand sich ein interessierter Nachmieter und wir verkauften ihm unser schönes Domizil.

# Reisen

## Reisen in Deutschland

Wir erlebten im Laufe der Zeit so viele, schöne und interessante Reisen, dass deren Aufzählung den Rahmen sprengen würde. Um es frei nach Friedrich Schiller zu sagen: „Wer zählt die Länder, nennt die Namen, durch die, auf Reisen, wir schon kamen?“ Aber es heißt ja auch: „Wenn jemand eine Reise tut, so kann er was erzählen.“ Das will ich nun versuchen.

Bereits innerhalb Deutschlands bereisten wir viele Gebiete, von Nord bis Süd, von West bis Ost. Auf zahlreichen Reisen mit den Architekten des AIV lernte ich viele Städte und Landschaften kennen. In Dresden beeindruckten der Zwinger und das Grüne Gewölbe. Für den Aufbau der Frauenkirche spendete unser Verein in Millionenhöhe. Bei der Fahrt zu den Bauten der Weser-Renaissance erklärte uns unser Kunsthistoriker Prof. Gabler ausführlich die ganze Baugeschichte. Stundenlang sprudelte sein enormes Wissen bei Besichtigungen aus ihm heraus, sodass wir oft bis in späte Abendstunden mit knurrendem Magen zuhören mussten. Reisen nach Bamberg, Mannheim, Weimar, Nürnberg, in den Schwarzwald, in die Pfalz und an den Bodensee fallen mir spontan noch ein.

Abenteuerlich waren jedoch immer unsere Reisen in die DDR, besonders die nach Chemnitz zu meinem Schulfreund Achim Heby. Das Gebiet dort hatte die Ostregierung als Textilzentrum aufgebaut. Fast sämtliche Waren wurden exportiert, besonders gerne jedoch belieferten sie den Westen, um damit Devisen zu erlangen.

Mein Freund arbeitete als studierter Textilingenieur in dortigen Unternehmen und bekam bald eine leitende Stellung. Mit dem Stalin-Orden ausgezeichnet, durfte er zu geschäftlichen Verhandlungen ins westliche Ausland reisen, einmal sogar in die USA. Natürlich hatte er als treuer Parteigenosse die DDR-Ideologie zu vertreten. Da er in seinem Inneren jedoch Gegner des Regimes war, musste er zwei Gesichter zur Schau tragen. Wir aber wussten, wie er in Wirklichkeit tickte. Er war nicht der einzige DDR-Bürger, der damals solch ein doppeltes Spiel trieb. Nach dem Krieg konnten wir uns ja noch in Berlin treffen und austauschen. Nach dem schrecklichen Mauerbau war ein Besuch jedoch nicht mehr möglich. Den Kontakt konnten wir nur über Briefpost aufrechterhalten. Wir schrieben uns seitenlange Briefe. Wenn ich nicht sofort antwortete, bekam ich von ihm böse Ermahnungen. Auf diese Weise kam ich zum Schreiben.

Als eine Lockerung der Beziehungen mit der DDR eintrat, konnten wir einen Tagesbesuch beantragen. In verklausulierten Briefen (die Post wurde ja kontrolliert) verabredeten wir uns zu Treffpunkten in Dresden, Meißen oder Leipzig. Für einen Tischplatz in den Restaurants sorgte dann immer ein Fünfmarkstück Westgeld statt Anstehen in der Warteschlange. Unser Treffen endete natürlich stets mit feuchtfröhlichen Pennäler-Erinnerungen. Genau so schwierig war es für einen Besuch bei unseren Karlsdorfer Verwandten. Mit unserem Auto durften wir als „Westler“ nicht gesehen werden. Wir verabredeten uns deshalb mit ihnen an irgendeiner Bushaltestelle oder Straßenkreuzung. Jedes Mal nahmen wir dringend benötigten Bedarf mit, wie Werkzeuge oder Rasierklingen; eben Dinge, die sie in der DDR nicht bekamen. In Päckchen schickten wir ihnen Kaffee, Süßigkeiten und Haushaltswaren.

## Reisen in Europa

Wir bereisten beinahe sämtliche europäischen Länder. Mein Bericht darüber soll nun kein Reisebuch werden, dennoch möchte ich aus diesen zahlreichen Reisen ein paar nette und interessante Erlebnisse erzählen, die mir gerade einfallen.

### Dänemark

Dänemark grenzt im Norden an Deutschland und kann mit dem Auto leicht erreicht werden, aber auch über See ist es möglich, und das wollten wir. In List nahmen wir vom Lister Hafen aus ein Schiff nach Esbjerg. Es war ein wolkiger, leicht stürmischer Tag. Die See war wellig mit schlingernder Seitendrift. Die meisten Passagiere wurden seekrank, ich auch, obwohl ich am Bug stehend eisern versuchte, den Horizont im Auge zu behalten. In Hafennähe, in ruhigem Wasser angekommen, bestellte ich mir spontan einen doppelten Cognac. Da empfahl mir der Steward, dass ich mir bereits vor Fahrtantritt einen Schnaps hätte genehmigen müssen. Nach einem Stadtbummel und der Fischereibesichtigung folgte ich auf der Rückfahrt seinem Rat. Ein kräftiger Rum half, auf sturmschwankendem Schiff fühlte ich mich nun pudelwohl, bewegte mich im Seemannsgang auf den Planken. Selbst der Verzehr von Fischgerichten machte mir nichts mehr aus. Damit hatte ich für die Zukunft dazugelernt und wurde nie mehr seekrank.

## Holland

Auf unserer Hollandreise mit dem Auto machte ich 1967 in Groningen gleich Bekanntschaft mit der freundlichen Polizei und musste wegen zu schnellen Fahrens kräftig löhnen. Dennoch hatten wir einen schönen Urlaub am Strand der Insel Texel. Tulpenfelder, Windmühlen und Grachtenfahrten gehörten selbstverständlich dazu. Ein anderes Mal besuchten wir mit Familie Darge gemeinsam Amsterdam. Unbekümmert bummelten wir mit unseren Frauen durch die Straßen. Ich wunderte mich allerdings, dass die Erdgeschosswohnungen hohe, einsehbare Glasscheiben hatten, hinter denen Frauen freundlich lächelnd ihre Handarbeiten verrichteten. Da dämmerte es uns, dass wir im Rotlichtviertel gelandet waren. Auf den Schreck hin genehmigten wir uns in einem indonesischen Restaurant eine typische Reistafel mit 18 Gängen. Unsere Bäuche wurden danach so rund, dass sie zu platzen drohten. Bereits Seneca kannte das ja und seufzte: „Oh ihr Götter, wie viele Menschen beschäftigt ein einziger Bauch!“

## Frankreich

In Paris wohnten wir in einem altehrwürdigen Hotel direkt an den Champs-Élysées, besuchten den Louvre, das Pompidou, die Sacré-Cœur und genossen die vorzügliche französische Küche. Die raffinierten Shows im „Lido“, „Crazy Horse“ und „Moulin Rouge“ standen ebenfalls auf dem Programm. Meinen 50. Geburtstag feierten wir in Zweisamkeit auf dem Eiffelturm. Mehrfach erkundeten wir Frankreich in gemieteten Pkws. Die „Grande Nation“ spricht ja nur Französisch. Bei Sprachschwierigkeiten halfen jedoch erfolgreich Arme und Beine. So kamen wir mit den freundlichen Menschen gut und sicher durch die Lande. Wir besuchten die Schlösser entlang der Loire. Je eines am Vormittag und eines am Nachmittag, denn zwischen 12.00 und 14.00 Uhr war punktgenau alles geschlossen. Mittagsruhe!

Die Suche nach einer nächtlichen Unterkunft erwies sich oft als schwierig. In einem Städtchen sah ich ein Schild „Hotel de Ville“. Freudig stürzte ich hinein, um die Rezeption aufzusuchen. Schmunzelnd bekam ich die Auskunft, dass der Name doch die allgemeine Bezeichnung für ein Rathaus sei.

Mehrere Tage lang besichtigten wir die zahllosen Schlösser. Wir bewunderten Amboise, Blois, Ussé, Saumur und die vielen anderen. Besonders beeindruckend fand ich Chambord mit seinen prachtvollen Türmen und den gegenläufigen Wendeltreppen. Natürlich durfte auch das Schloss Versailles nicht ausgelassen werden. Der mächtige, prachtvolle Barockbau protzt mit seinen nahezu 1.300 Zimmern. Allein der glänzende Spiegelsaal, geschichtsbekannt durch den Vertrag von 1919, war eine Reise wert.

Im Elsass schlenderten wir durch die Altstadt von Straßburg, probierten die ausgezeichneten französischen Weine und den echten Flammkuchen. Auf der Rückfahrt kontrollierte der Zoll unser hecklastiges Auto, das voll bepackt mit Weinflaschen war.

## Italien

Als Andrea ihre Schulausbildung erfolgreich abgeschlossen hatte, flogen wir zur Belohnung mit ihr nach Rom. Das Kolosseum, das Forum Romanum, die Engelsburg gehörten zum Besuchsprogramm. Wohl wissend, dass Touristen diebstahlgefährdet seien, trugen wir auf Spaziergängen nur notwendige Dinge wie Fotoapparat, Brieftasche und geringe Geldmittel im Beutel mit uns herum. Plötzlich kam ein Motorrad mit hoher Geschwindigkeit auf uns zugeschossen. Wir stoben auseinander. Ein Beifahrer auf dem Rücksitz entriss Pünktchen rücksichtslos den Handtaschenbeutel. Auf der Polizeistation trafen wir dann viele ebenfalls betroffene Leidtragende.

Auf einer Flugreise mit unserem Klub nach Sizilien mussten wir einen Zwischenstopp in Mailand einlegen. Dabei wurde Pünktchen wiederum bestohlen. Zwei Mädchen entwendeten unbemerkt ihre Handtasche mit sämtlichen Papieren. Dennoch konnten wir mit Unterstützung hilfreicher Karabiniers schließlich in Palermo landen. Wir wurden in Cefalù, einem kleinen Ort an der Mittelmeerküste, untergebracht. Mit einem Bus fuhren wir kreuz und quer durch Sizilien, sahen wunderschöne Landschaften, antike Bauten unterschiedlichster Baustile. Orient und Okzident trafen hier aufeinander. In Taormina verabschiedete uns der Ätna aus der Ferne wohlwollend mit Rauchzeichen.

Im schönen Südtirol verbrachten wir oft und gerne viele Urlaubstage. Von unserer Kapruner Wohnung aus war Meran mit dem Auto leicht erreichbar, von Berlin aus benutzten wir jedoch den Autozug. Der Tappeinerweg, hoch über Meran, führt durch traubenbehangene Weinberge. Auf diesem herrlichen Höhenweg wanderte ich ganz besonders gerne. Am Ende des Weges befand sich eine Schankwirtschaft, dort gab es im Herbst das herzhafte

Törgele-Essen, das uns zusammen mit einem Tiroler Wein immer ausgezeichnet mundete. Im Frühjahr zur Obstblüte entfalteten Apfelplantagen ihre volle Blütenpracht. Ein Blütenmeer umhüllte dann den Ort. Bozen und die Bergwelt der Dolomiten liebte ich.

## Spanien

In Barcelona lohnte ein Bummel entlang der Verkaufsstraße „La Rambla“. Mit ihrer imponierenden Markthalle, ihren zahlreichen Verkaufsständen und den unterhaltsamen Straßenkünstlern ist sie ein Erlebnis. Hafen und Olympiapromenade schließen sich an. Wir stärkten uns mit Tapas, Tapas, Tapas en masse, bevor wir die immer noch unvollendete „Sagrada Familia“ von Gaudí staunend besichtigten. Nicht nur seine Kathedrale, sondern vielerorts auch seine eigenartigen, ideenreichen Bauten konnten wir uns ansehen. Besonders diejenigen im Park Güell sind ja „ein wahres Gaudi“. Nur einige Buskilometer von Barcelona entfernt erhebt sich das gewaltige Bergmassiv „Montserrat“, eine riesige Felsformation mit tiefen Schluchten. In 1.000 Meter Höhe erwartete uns in einer Klosteranlage die berühmte „Schwarze Madonna“.

## Griechenland

Von Griechenland mit seinen zahlreichen Inseln möchte ich auf die im Dodekanes gelegene Insel Rhodos eingehen. Wir waren mit unserem Lions Club auf der Ostseite untergebracht und besuchten eine antike Tempelanlage, die sich in dem 1.200 Meter hohen gebirgigen Inselbereich befand. Ich durfte den Aufstieg rittlings auf einem Esel bewältigen. Das liebe Tier lief sicheren Schrittes auf einem schmalen Pfad dicht neben einer steil abfallenden Felswand entlang. Mir wurde dabei sichtlich mulmig, ich hielt jedoch wacker und mutig bis zum Ziel durch. Ein Schiff brachte uns zur Nachbarinsel Symi. Dort erwartete uns der Patriarch der orthodoxen Kirche, empfing uns ganz herzlich mit Glockengeläut und bewirtete uns mit einem Essensgelage, das aus 22 (!) Gängen bestand. Wir mussten unbedingt von allem probieren, bis uns förmlich der Bauch platzte. Das war für mich nach Nr. 16 der Fall.

## Österreich

Was wäre Österreich ohne: „Wien, Wien, nur du allein, sollst stets die Stadt meiner Träume sein!“? Die Stadt erkundet man zu Fuß oder aber man lässt sich, wie wir es taten, von einem Fiaker kutschieren. In gemütlichem Tempo bekamen wir die Sehenswürdigkeiten zu sehen. Schloss Schönbrunn mit der Gloriette genossen wir auf gleiche Weise. In der Hofburg waren wir zu einem Festball eingeladen und durften die Walzerpaare bei ihren Hüftschwüngen beobachten. Im „Hotel Sacher“ probierten wir pflichtgemäß die allseits berühmte Torte. Gumpoldskirchen lockte mit seinen Heurigen-Lokalen, der Federweiße floss in Strömen. Leider hat jetzt die früher so beliebte „Schrammelmusik“ ihre Zugkraft verloren, nur noch vereinzelt schrammelt manchmal ein Trio gelangweilt vor sich hin. Dafür lässt sich aber Mozart nicht lumpen, ist allgegenwärtig. Die „Zauberflöte“ konnten wir sogar in einem Marionettentheater erleben.

## Tschechien

Auch Prag ist immer eine Reise wert. Breits zu DDR-Zeiten besuchten wir die Stadt. Die Unterkunft war damals nicht gerade komfortabel, dafür wurden wir aber in einem Restaurant bei einer Privatveranstaltung, in die wir zufällig gerieten, sehr herzlich von den dort Feiernden aufgenommen. Beim Geldumtausch fiel ich allerdings mächtig rein. Ich war stolz, als ich an einer Straßenecke günstig Westgeld gegen Kronen zum Kurs von 1:10 tauschen konnte. Dabei wurde ich mit Vorkriegsgeld begaunert, verlor alles und hatte somit meine gerechte Strafe! Heute ist Prag bequem mit dem Zug erreichbar, eine Fahrt ist lohnenswert.

## Irland

In Irland besuchten wir unseren Freund Günther Fischer. Er war zu DDR-Zeiten ein bekannter Musiker, trat damals mit Manfred Krug gemeinsam im Fernsehen auf. Nach der Wende komponierte und vertonte er hauptsächlich Filmmusik. Er verlegte seine Tätigkeit nach Irland und wohnt in dem kleinen Ort Kinsale. Wir erreichten ihn mit dem Flieger über die Stadt Cork und wurden von seiner Familie herzlich empfangen. Abends nahm er uns mit in ein rustikal eingerichtetes Restaurant. Dort trafen nach und nach Musiker ein, acht an der Zahl. Auf engstem Raum, umlagert von Einheimischen und Touristen, musizierten sie um die Wette ihre irischen Weisen, für uns ein großartiges Musikerlebnis. Eine Busfahrt entlang der Küste fiel wortwörtlich ins Wasser. Im Nebel und Regen konnten wir die unsichtbare Landschaft der Steilküste nur erahnen. Ein Testtrunk verschiedener Whiskeysorten in einer Destillerie versöhnte uns jedoch wieder. Wir wurden in dem noblen, streng bewachten „Old Head Golf Club“ als Ehrengäste begrüßt. Das war eine besonders seltene Ehre, die uns damit entgegengebracht wurde. Bei strahlendem Wetter hatten wir von dort aus einen herrlichen Blick auf die Steilküste, das Meer und die stürmische Brandung.

## England

England besuchten wir mehrmals, dabei selbstverständlich auch das traditionsbewusste London. Hier möchte ich vom Süden des Landes erzählen. Von Esbjerg aus fuhren wir mit der Fähre in zwei Tagen nach Harwich. Dort mietete ich ein Auto. Den Linksverkehr kannte ich aus Südafrika, der machte mir nichts aus. Ich war überrascht von der reizvollen, hügligen Landschaft, grüne Wiesen wurden von Heckenreihen unterbrochen, die Park- und Gartenanlagen machten einen wohltuend gepflegten Eindruck, es machte Spaß, durch die Lande zu fahren. Der berüchtigte englische Regen hielt sich in Grenzen. Ebenso wenig hatten wir an der sprichwörtlich schlechten englischen Küche etwas auszusetzen. Wir fanden stets gute Restaurants mit schmackhaften Fischgerichten. Die Unterkunft bei „Bed and Breakfast“ entsprach dem Namen. „Tea time“ hielten wir gerne ein und an das Guinness in den gemütlichen Pubs hatte ich mich bald gewöhnt. An Brighton, dem Badeort der Engländer, fand ich kein Gefallen. Dagegen begeisterten mich die Bezirke Devon und Cornwall ganz an der Südwestspitze der Insel mit ihren Steilküsten. Die küstennahe Insel Wight erreichten wir mit der Autofähre. Mildes, mediterranes Klima überraschte uns, überall wuchsen dort

Palmen, ein fast schon südländisches Flair begegnete uns, wir waren überrascht. Auf der Rückfahrt erlebten wir dann den unvermeidlichen Stau der britischen Autobahnen.

### Russland

In St. Petersburg hat mich ein Erlebnis außerordentlich berührt. Bei einer Ausflugsfahrt mit einem Schiff auf der Neva fuhren wir an den zahlreichen Prachtbauten aus der Zarenzeit vorbei und wurden dabei musikalisch unterhalten. Ein junges, reizendes Studentenpaar erfreute uns mit einem wundervollen Geigenspiel. Es beeindruckte mich sehr und ich dachte mir: „... und gegen so etwas haben wir nun Krieg geführt!!"

So weit Europa. Sicher haben Sie nun genug; wenn nicht, dann mögen noch ein paar Erlebnisse aus Übersee folgen.

## Reisen in Übersee

Anfangs hatte ich noch eine Flugphobie, die ich jedoch durch Gewöhnung bald überwand. Mein erster Flug, den ich trotz Angst tapfer mitmachte, brachte mich nach London zum Tennisturnier nach Wimbledon. In dem traditionsreichen Klub konnte ich mir einige Matches bedeutender Spieler ansehen. Danach war ich flug- und überseetauglich. Flüge nach Amerika, Afrika und Asien wurden Routine. Ein besonderes Erlebnis war für mich ein Flug mit der Concorde. Bei Überschallgeschwindigkeit erreichte das Flugzeug New York mit zweistündiger Zeiteinsparung. Von der Überschreitung der Schallgrenze war im Flieger selbst nichts zu spüren. Die Bewirtung an Bord und der Komfort waren außergewöhnlich. Leider hatte die Concorde später einen schwerwiegenden Unfall und wurde aus dem Verkehr gezogen. Ich hatte das Glück, einen Flug mit diesem tollen Flugzeug erlebt zu haben. Mich begeisterte diese Flugmaschine total.

## Israel

Das Land Israel wollten wir unbedingt sehen und kennenlernen, zumal unser Schwiegersohn Ilan durch seinen Vater beste Beziehungen hatte. Unter seiner Führung flogen wir mit dem Lions Club nach Tel Aviv. Unser Reisegepäck mussten wir unter strengster Kontrolle mehrfach aus- und einpacken. Mit Wilfried Gierke hatten wir unseren Kameramann dabei, der alle Reisestationen in Bild und Ton festhielt. Ein studierter Archäologe stand uns als ständiger Reiseführer zur Verfügung. Bei ungewohnter Gluthitze bestiegen wir schwitzend den Bus. Auf der Fahrt leuchtete uns bereits Jerusalem in strahlendem Weiß entgegen. Mit einer Baumpflanz-Aktion trugen wir zur Aufforstung Israels anteilig bei. In der Altstadt besichtigten wir religionsübergreifend Kirchen, Tempel, Synagogen und Moscheen. Die Vía Dolorosa kennzeichnete den Leidensweg Jesu, die Klagemauer war von betenden Orthodoxen besetzt. Im arabischen Viertel durquerten wir dunkle, enge Gassen und einen typischen Basar. Das Leben am Sabbat lernten wir mit leeren Straßen, geschlossenen Geschäften und alkoholfreien Hotelbars kennen; kein Tröpfchen Bier wurde uns erlaubt.

Flugs verließen wir deshalb Jerusalem und fuhren durch wüstenähnlich steiniges Gebiet nach Bethlehem, wo wir in einer Her-

berge die herrschende Hitze mit Getränken erträglich machen konnten. In einem Kibbuz lernten wir Avocadoplantagen kennen. Kamele säumten unsere Fahrt zum Toten Meer. In dem salzhaltigen Wasser konnte man partout nicht untergehen. Es war schon lustig anzusehen, wie man im tiefen Meer auf dem Rücken liegend genüsslich Zeitung lesen konnte. Ein Schlamm- und-Schwefelbad vervollständigte unseren Aufenthalt. Geschlämmt und geschwefelt verließen wir den Ort.
In Masada besuchten wir die 2000 Jahre alten Ruinen von Herodes. Unser Reiseführer schwelgte verzückt in archäologischen Erklärungen, während wir vergeblich und verzweifelt Schatten suchten. Im See Genezareth konnten wir dafür erfrischend baden und Petersfische verzehren. Hoch über dem See hörten wir uns die „Bergpredigt" unseres Archäologen an. Die vielen Vorträge bei 40 Grad Celsius machten mir zu schaffen, sodass ich es vorzog, mit einem Kreislaufkollaps ein israelisches Krankenhaus von innen kennenzulernen. Mit einem Laudatio auf die Reiseleitung beendeten wir schließlich die interessante Reise.

## Türkei

Istanbul – „schönste Stadt von Welt", so erzählte man uns. Mit einem freundlichen „Kükülücü" wurden wir auf dem Flugplatz Atatürk begrüßt. Beim Geldumtausch wurde ich reich, für nur 55,00 DM bekam ich 1 Mio. TL, damit ließ sich der Aufenthalt leicht finanzieren. Das Geld reichte im Topkapı-Museum allerdings nicht für den Erwerb des filmbekannten, mit Brillanten besetzten Dolchs des Paschas. Dafür durften wir jede Menge Moscheen und Minarette bestaunen und die byzantinische Baukunst bewundern.

Überall flatterte auf roten Fahnen der Halbmond. Auf übervollen Basaren wurden den Touristen massenweise gefälschte Parfumflacons aufgeschwatzt. Zum Opferfest sahen wir auf den Straßen viel Rot, das Blut geschächteter Schafe bot keinen schönen Anblick. Dafür durften wir jedoch einen Harem besuchen, die dazugehörenden Damen fehlten allerdings. Männer saßen in kleinen Gruppen beisammen, Tee trinkend und Karten spielend, ein häufiger Anblick.

Es herrschte quirliges Leben in dieser Stadt mit ihren modernen Bauten und ihren von Verfall bedrohten Altstadthäusern. Von einem Schiff aus sahen wir uns die reizvolle Uferbebauung des Bosporus an. Eine mächtige Hängebrücke, die den Bosporus überspannt, verbindet Europa mit Asien. Auf diese Weise konnten wir in kürzester Zeit asiatische Tanzbars erreichen, um dort Bauchtänze kennenzulernen. Wir durften unter offizieller Führung eine staatliche Teppichknüpfschule besichtigen. Tag für Tag knüpfen dort Mädchen mit gesponnenen Seidenfäden circa 3.000 Teppichknoten. Für einen handgeknüpften Seidenteppich mit 2,5 Millionen Doppelknoten benötigt eine geübte Knüpferin etwa drei Jahre. Ich ließ mich nicht lumpen und erwarb ein solches Glanzstück, das nun unser Wohnzimmer schmückt.

## Amerika

In die USA kam ich zum ersten Mal durch meinen Schulfreund Ulli Gärtner. Er arbeitete als Dolmetscher für die amerikanische Militärregierung und hatte ein Apartment im Norden Floridas. Wir konnten bei ihnen wohnen. Durch ihn lernte ich die amerikanische Lebensart kennen. Gemeinsam besuchten wir eines Tages Familie Urbschat, unsere Sylter Freunde, die am Golf von Mexiko – auf der Insel Longboat Key – ein Ferienhaus bewohnten. Dort gefiel es uns so gut, dass wir von da an viele Male unsere Urlaubswochen an den traumhaften Stränden der Golfküste verbrachten.
Ganz in der Nähe entdeckten wir einen Fischverkauf, bei dem wir uns fortan mit Frischfisch, Shrimps und Stonecrabs schmackhaft verpflegen konnten. Früh am Morgen traf ich mich oft zu einem Tennismatch. Ein Kanadier, ein Texaner und ein Franzose bildeten mit mir ein internationales, lustiges Doppel, das sich vielsprachig ausgezeichnet miteinander verstand. Nach dem Spiel sorgte ein Sprung ins Meer für die nötige Abkühlung.

Mit einem Mietauto fuhren wir kreuz und quer durch Florida, über die Everglades und die zahlreichen Inselbrücken bis nach Key West, dem früheren Wohnsitz Hemingways. Damit befanden wir uns am südlichsten Punkt der USA. Bei jedem Urlaub besuchten wir die Vergnügungsparks Disney World, Epcot und Busch Gardens, natürlich besonders gerne, wenn unsere Kinder dabei waren. Das Autofahren auf dem ausgebauten Straßennetz war problemlos und machte mir Spaß.

Ein Ausflug nach New Orleans mit Originaljazz, den zahlreichen Straßenmusikern und einer Fahrt mit dem Raddampfer waren einmalige Erlebnisse. Eine andere Ferientour führte uns von San Francisco aus die sehenswerte Küstenstraße „Number

One“ entlang. Bei einer Rast im Death Valley mit 45 Grad Celsius stellte ich plötzlich fest, dass mein angeblich neuer Mietwagen einen alten, ausgetauschten Reifen hatte, der absolut kein Profil mehr besaß. Behutsam fuhr ich weiter bis ins 200 Kilometer entfernte Las Vegas, wo ich von der Autowerkstatt mit einem Kopfschütteln empfangen wurde. Das pulsierende Getümmel in den Spielkasinos und die gekonnten Shows entschädigten uns für diese abenteuerliche Fahrt. Wir hatten Glück, dass wir noch eine Aufführung der weltbekannten Darsteller „Siegfried und Roy“ mit ihren Tigern erleben konnten. Beinahe hätte ich vergessen, dass wir natürlich auch in New York waren. Der Blick vom Rockefeller Center aus eröffnete uns die Welt der Wolkenkratzer. Der Central Park und die berühmten Museen waren eine Reise wert.

## Namibia

In Namibia freuten wir uns auf ein Wiedersehen mit Tennisfreundin Elisabeth. Aus ihr, der MTA in der Charité Berlin, war eine echte Farmerin geworden, verheiratet mit ihrem dort gebürtigen Friedhelm. Sie kümmerte sich um mehr als 100 Lämmer, er dafür um fast 300 Rinder. Die 15 schwarzen Helfer wohnten mit ihren Familien in nahe liegenden Dorfhütten, besaßen eine Vielzahl von Ziegen und bekamen Lohn und Naturalien von der Farm. Elisabeth betreute mit einem schwarzen, älteren Helfer Haus und Gemüsegarten. Sie erwies sich als vorzügliche Köchin. Wir verbrachten eine schöne Zeit auf der einsamen Farm und erlebten dort „Afrika pur“. Die Nachbarfarm war 25 Kilometer entfernt, Omaruru, die nächste Stadt, lag

50 Kilometer weit weg. Eines Tages wurden wir von einem mächtigen Tropengewitter überrascht. Unheimlich, im Minutentakt, war der schwarz-dunkle Himmel von gewaltigen Blitzen erhellt, Donnerschläge ließen die Gegend erbeben, Wassermassen ergossen sich über das Land, die ausgetrockneten Flussrinnsale verwandelten sich in reißende Ströme.

Bei einem Ausflug ins Ovamboland wurden uns Fußabdrücke im Felsgestein gezeigt, die von Dinosauriern stammten. Elisabeth unternahm mit uns eine Safari in die Etosha-Pfanne, wo wir Herden mit Hunderten Zebras, Gnus und Giraffen beobachten konnten. Wir starteten morgens in aller Frühe, weil die Natur da am aufregendsten war. Auf den Wegen wärmten sich Paviangruppen in der aufgehenden Sonne, Elefantenherden begegneten uns und als plötzlich ein Nashorn vor uns kraftvoll schnaubte, blieben wir erschrocken still stehen. Mit ihrem VW Bus fuhren wir kilometerweite Strecken auf rotsandigen Fahrstraßen und sichteten auf der Fahrt Springböcke, Impalas und Kudus. In Windhuk war der Einfluss aus deutscher Kolonialzeit noch immer spürbar. Ich war überrascht, als uns einheimische Frauen in ihren bunten Trachtenkleidern in einwandfreiem Deutsch ansprachen.

# Südafrika

Mein Traumziel führte mich nach Südafrika, das wir mehrmals besuchen konnten. Jede dieser Reisen war mit so vielen Erlebnissen verbunden, dass es mir schwerfällt, nur über einige zu berichten.

Gelandet in Johannesburg, irritierte mich anfangs der Stadtplan, bis ich begriff, dass ja auf der Südhalbkugel Nord und Süd vertauscht sind. Wir waren noch zur Zeit der Apartheid in SA, ihre Abschaffung hatte aber bereits Fahrt aufgenommen. Bei vielen Gelegenheiten konnten wir gute Kontakte mit der schwarzen Bevölkerung knüpfen. Ich bewegte mich in Gebieten, die den Schwarzen vorbehalten waren, ohne irgendeine Beeinträchtigung. Im Mietwagen lernte ich den Linksverkehr kennen. Fahrten entlang der Gartenroute, in die Weingegend von Stellenbosch und nach Pretoria waren problemlos. In Kapstadt gehörte eine Fahrt mit der Seilbahn auf den Tafelberg zum Pflichtprogramm, mit fantastischem Ausblick auf „Die Zwölf Apostel", einer Berggruppe. Ein jüdischer Emigrant, den wir kennenlernten, nahm sich die Zeit, uns die eindrucksvolle Tour rund um das Kap zu zeigen und am südlichsten Punkt Afrikas mit einem Wein anzustoßen. Er vermittelte uns auch den Besuch zu einer Straußenfarm. Auf der Anlage lernten wir die Besitzer kennen und erfuhren Interessantes über diese ungewöhnlichen Tiere. Auf der Fahrt dorthin konnten wir in letzter Minute gerade noch einem großflächigen Buschfeuer ausweichen.

In einem (angeblich) werksneuen Mietwagen beabsichtigten wir, den Krüger-Nationalpark zu erreichen. Die Tachoanzeige stand bei 4.300 km. Auf der Fahrt durch die weite, verkehrsarme Landschaft begann der Motor zu stottern. Ich bog von der Autostraße ab, um eine Werkstatt zu erreichen. Nach 20 Kilometern blieb der Wagen liegen; es gab keinen Funkkontakt und keine Menschenseele in der einsamen Steppenlandschaft. Ich fand dann doch noch ein Hinweisschild zu einer Werkstatt und erreichte sie schließlich mit Mühe und Not. Aber dort konnte der Wagen auch nicht flottgemacht werden. Nach stundenlangem Warten, einsam in gleißender Hitze stehend, traf endlich ein Ersatzfahrzeug ein. Auf meine Frage, was ich anderenfalls hätte tun sollen, bekam ich die trockene Antwort „to walk“. Am späten Abend erreichten wir schließlich doch noch den Krüger-Park und wurden mit einer Vielzahl sehenswerter Tierbeobachtungen entschädigt.

In den Drakensbergen mietete ich uns ein Apartment, von dem aus wir sternförmig die wunderschöne Landschaft mit ihren Wasserfällen und Tropenwäldern erleben durften. Mit einem ganz besonderen Geburtstagsgeschenk machte ich Pünktchen eine riesige Freude. Ich ermöglichte es, ein Zugabteil in dem eimaligen „Blue Train“ zu bekommen. In zweitägiger Bahnfahrt gelangten wir durch wunderschöne Landschaften von Johannesburg nach Kapstadt. Bei jeglichem Komfort glitt der Zug lautlos dahin, ein einmaliges Erlebnis.

## Ostasien

Eine gänzlich andere Welt tat sich in Ostasien auf. Auf der Insel Taiwan beeindruckten mich die Menschen mit ihrer typisch asiatischen Lebensfreude. Zum ersten Mal in einer fremden Welt lernten wir, wie mit Stäbchen gegessen wird. Die unbekannte Schrift irritierte mich bei der Orientierung zunächst. Doch ich begriff schnell, dass uns jeder Taxifahrer durch eine mitgeführte Adressenkarte stets wieder zum Hotel zurückbringen konnte. In Taipeh interessierten mich besonders die fremdartigen Tempelanlagen, in denen Einwohner ihre Räucherstäbchen anzündeten, um betend um Erfüllung alltäglicher Wünsche zu bitten.

Hongkong befand sich bei unserem Aufenthalt noch unter englischer Verwaltung. Die Furcht der Bewohner vor einer geplanten Übernahme durch China war jedoch spürbar. Durch Vermittlung von Berliner Freunden trafen wir eine chinesische Familie, die uns hilfreich zur Seite stand. Unter ihrer ortskundigen Führung lernten wir Land, Leute und deren Lebensweise kennen. Unser Begleiter Mr. Chang zeigte uns spezielle Restaurants, die ausschließlich von Chinesen besucht wurden. Er fuhr mit uns sogar durch Wohngebiete, die wir sonst niemals kennengelernt hätten, und lud uns in die Hochhauswohnung einer chinesischen Familie ein. Ich war überrascht, wie sauber es in den kleinen Räumen mit ihrer Vielzahl von Bewohnern war. Keine Schmierereien im Hochhaus, Küchengerüche wurden durch perfekte Ventilation unterbunden. Die Stadt quoll über, war übervoll mit Wolkenkratzern und Geschäften bebaut; im Hafen wimmelte es von buntfarbigen Dschunken. Auf einem prächtigen Restaurantschiff erwartete uns ausgezeichnete chinesische Kochkunst.

Mit einem Schnellboot erreichten wir das Spielerparadies Macao. In dieser Stadt konnten die Chinesen ihre Spielsucht befriedigen. Ein Tagesausflug brachte uns nach Kanton, einer riesigen Geschäftsstadt in Rotchina. Mit einer ständigen staatlichen Begleitung fühlten wir uns nicht besonders wohl. Unser chinesischer Führer entpuppte sich jedoch als ganz passabler Mensch, fragte mich: „Du Germany, mit Beckenbaueeer?“ Verbotenerweise nahm er sogar heimlich Trinkgeld an.

In Bangkok überraschte mich der starke Verkehr mit Hunderten dreirädriger „Tuk-Tuks“. Ein Überqueren der Straßen wurde dadurch äußerst schwierig. Das feuchtheiße Klima in Thailand mit über 40 Grad Celsius war für uns schwer zu ertragen. Nach 15 Minuten Weges flüchteten wir in ein Kaufhaus, wo uns dann schockartig eine 18 Grad kalte Klimaanlage erwartete.

Bei unserem Aufenthalt erlebten wir unerwartet das jährlich stattfindende Wasserfest. Die Jugendlichen machten sich einen Spaß daraus, auf uns Touristen unbemerkt wassergefüllte Plastikbeutel zu schütten. Auf einer Bootsfahrt versuchten wir vergeblich, uns davor zu schützen, und überstanden die Tour, allerdings in pudelnasser Kleidung. Bei einem Ausflug in die Umgebung durfte ich auf einem Elefanten reiten, während Pünktchen eine Riesenschlange um den Hals gelegt bekam. In Singapur erholten wir uns auf dem Dach unseres Hochhaushotels mit einem erfrischenden Bad, bevor pünktlich um 16.00 Uhr das tägliche äquatoriale Tropengewitter für Abkühlung sorgte.

## Rückblick

Ich hatte auf unseren Reisen immer wieder versucht, Land und Leute kennenzulernen, dabei nach Möglichkeit zu Fuß. Fernziele waren jedoch nur mit dem Flugzeug erreichbar. Wenn wir unsere Reiseziele dann mit dem Flieger erreicht hatten, war ich bemüht, das jeweilige Land selbst fahrend im Auto zu erkunden, und mietete uns dafür dann Pkws. Problemlos war dies in Europa und Amerika. In England und Afrika jedoch herrschte Linksverkehr. Ich hatte damit aber keine Schwierigkeiten und gewöhnte mich sehr schnell daran.

Fahrten mit Kreuzfahrtschiffen probierten wir ebenfalls aus. Dabei waren wir bemüht, keines der Riesenschiffe mit ihren Tausenden Passagieren zu benutzen, sondern wählten uns möglichst kleine Schiffe aus. Zweimal schafften wir es auf die MS Deutschland, das aus der TV-Serie bekannte „Traumschiff". Die Fahrten waren erholsam und bequem. Bei Landgängen bekamen wir durch qualifizierte Führungen viel zu sehen. Wir befuhren das Mittelmeer, die Ostsee, die Norwegen- und die Englandroute. Bei Flusskreuzfahrten standen Rhein, Mosel und Donau auf dem Plan.

Rückblickend bin ich erstaunt über die Vielzahl all unserer Reisen, muss aber andererseits in Betracht ziehen, dass es sich ja um einen Zeitraum von fast 50 Jahren handelt. Immerhin umfasst dieser Teil des Berichts damit fast die Hälfte meines Daseins; ich kann ihn daher als den erfreulichen Abschnitt meines Lebens bezeichnen. Dabei habe ich versucht, über einige Erlebnisse etwas ausführlicher zu berichten, und bin erstaunt, was dabei so alles zusammengekommen ist.

Das ist eine gute Gelegenheit, meine Geschichte hiermit zu beenden.

# Epilog

Nun habe ich es doch tatsächlich geschafft, einen großen Teil meiner Lebenserinnerungen zu Papier zu bringen. Ich bin schließlich kein Schriftsteller, kein Journalist, sondern nur ein Schreiber mit einer leidlich allgemeinen Schulbildung. Ich habe erzählen wollen, was ich, ein ganz normaler Bürger, in einer geschichtlich außergewöhnlichen Zeit so alles erlebt habe. Es waren runde 36.000 Tage, eine erstaunlich lange Zeit in bunter Vielfalt mit allen Höhen und Tiefen, mit Freude und Trauer. Ich habe schreckliche Zeiten durchgemacht, aber auch die Schönheiten dieser unserer Welt genießen können. Ich durfte die Fülle der Natur bewundern, die Vielfalt der Landschaften und ihrer Menschen. Ich konnte viele Leute kennenlernen und Freundschaften schließen, habe dabei auch etliche bekannte Persönlichkeiten kennengelernt. Die bunte Menge des Erlebten erstaunte mich im Nachhinein. Ich habe mich bemüht, meine Erinnerungen in einzelnen Kapiteln auf die Reihe zu bringen, dabei jedoch zeitliche Kontinuität außer Acht gelassen. Ich selbst war in meinem Leben nicht gerade ein Engel, hatte jedoch viele Schutzengel. Einige Male sollte ich beinahe von dieser schönen Welt wegtreten. Aber wie so oft, hatte ich immer wieder Glück. Ich hatte überhaupt sehr viel Glück in meinem Leben, habe den schrecklichen Krieg überlebt, habe geschichtsträchtige Zeiten durchlebt und auch sonst recht viel durchgemacht, habe aber trotz allem auch eine lange glückliche Zeit erleben dürfen.

Deshalb sei der Titel meiner Erzählung „Glück gehabt!“.